6,95

W0211078

hänssler

Cornelia Mack

Endlich frei von Perfektionismus

Cornelia Mack, Jahrgang 1955, studierte Sozialpädagogik und ist heute in der Gemeindearbeit, bei Frühstückstreffen für Frauen, in der Mitarbeiterschulung und Erwachsenenbildung tätig. Daneben ist sie Autorin und Herausgeberin zahlreicher Bücher.

Hänssler-Taschenbuch
Bestell-Nr. 394.449
ISBN 3-7751-4449-8

Internet: www.haenssler.de
E-Mail: info@haenssler.de
Umschlaggestaltung: Jens Vogelsang, Aachen
Titelbilder: CORBIS GmbH, Düsseldorf (Vordergrund), IMSI GmbH, Haar bei München (Hintergrund)
Innenillustrationen: Saskia Klingelhöfer
Satz: Vaihinger Satz & Druck, Vaihingen/Enz
Druck und Bindung: Ebner & Spiegel, Ulm
Printed in Germany

ecpa International Member of the Evangelical Christian Publishers Association

Inhalt

Vorwort

An der Perfektion wird in unserer heutigen Gesellschaft vieles gemessen, bewertet, be- oder verurteilt. Nicht nur Menschen, sondern auch Dinge müssen perfekt sein. Das perfekte Auto, die vollkommene Figur, die ideale Erziehung, der Top-Urlaub – das sind Aussprüche und Ansprüche, mit denen wir täglich in Worten oder Bildern konfrontiert werden. Diese Ideale wirken auch in unser alltägliches Leben hinein und machen uns das Leben oft schwer, weil alles, was sich nicht daran messen lässt, angeblich nichts oder wenig wert ist.

Unter diese überhöhten Erwartungen und Ziele muss sich vieles beugen. Unsere Gesellschaft ist leistungsorientiert.

Viele Menschen leiden unter den Zwängen des Perfektionismus. Entweder weil sie selbst vom perfektionistischen Denken und Handeln getrieben werden oder weil sie mit einem Perfektionisten zusammenleben oder -arbeiten.

Perfektion ist nicht grundsätzlich schlecht. In bestimmten Bereichen unserer Gesellschaft ist sie sehr wichtig: in der Medizin brauchen wir Menschen, die mit Perfektion arbeiten und entsprechende Ergebnisse erzielen können. Wenn wir uns einer Operation unterziehen müssen, wären wir wohl sehr erschrocken, wenn der Arzt sagen würde: »Mal schauen, wie wir es hinbekommen, ich werde 80 % meiner Fähigkeiten einsetzen.«

Wenn wir unser Auto in die Werkstatt bringen, wollen wir, dass die Bremsen danach 100 % perfekt arbeiten und nicht nur zu 75 %. Dazu braucht es Menschen, die wissen, worauf es ankommt und wie man ein 100 %-Ziel erreicht.

Diese Beispiele könnten wir für ganz viele Bereiche unserer Gesellschaft fortsetzen: Landwirtschaft, Industrie, Pharmazie, Rechtswissenschaften …

So gesehen ist Perfektion gut und wichtig und wir können froh sein, wenn wir Menschen haben, die durch ihre persönlichen Fähigkeiten und Begabungen diesen Zielen gerecht werden können. Solche Menschen stehen aber oft in der Gefahr, eben nicht nur in bestimmten, sondern in allen Bereichen ihres Lebens perfekt zu sein oder werden zu wollen und belasten damit sich selbst und ihre Mitmenschen. Sie machen ihren Wert abhängig von ihrer Leistung und fühlen sich wertlos, wenn sie ihre Ziele nicht erreichen. Im schlimmsten Fall können sie auf diese Weise – wenn sie nicht das richtige Maß finden zwischen Begabung und Begrenzung – vollkommen von den perfektionistischen Zielen geknechtet werden und sich am Ende in ihrem eigenen Zwangssystem regelrecht gefangen fühlen.

Niemand muss in solchen Zwängen leben, niemand muss diese unendlich schwere Last sein Leben lang schultern. Es gibt offene Türen aus dem Gefängnis des Perfektionismus.

In diesem Buch versuche ich aufzuzeigen, was Perfektionismus ist, wie er auf uns und auf andere wirkt, und wie wir einen Weg heraus aus dem Gefängnis des Perfektionismus finden können.

Wer die Türen in die neuen Freiheiten entdeckt, wird erfahren, wie schön es ist, endlich aufatmen und wirklich echt und in der Gegenwart leben zu können. Es ist herrlich, diese neuen Freiheiten zu erobern. Ich wünsche allen Leserinnen und Lesern, dass sie nach der Lektüre das Leben befreiter, humorvoller und gelassener leben und genießen können.

Cornelia Mack

Kapitel 1:

Was ist Perfektionismus?

Sind Sie perfekt? Wenn ich Sie direkt frage, werden Sie vermutlich mit »Nein« antworten. Bei der nächsten Frage wird es schon schwieriger: Wollen Sie – zumindest heimlich – gerne ein perfekter Mensch sein?

Wenn wir ganz ehrlich sind, müssten die meisten von uns darauf mit Ja antworten. Wünschen wir uns nicht heimlich einen perfekten Haushalt, einen unkrautfreien Garten, wohlerzogene Kinder, einen vorzeigbaren Ehemann oder die perfekte Ehefrau, Erfolg im Beruf, jede Menge im Hirn und möglichst wenig auf den Hüften?

Im Verborgenen haben wir solche Wünsche und Sehnsucht nach einem perfekten Leben.

Doch: **Wer perfekt ist, wird allenfalls bewundert, aber nicht geliebt**. Denn der Perfektionismus hat immer etwas Unnahbares an sich. Perfekte Menschen wirken oft unmenschlich.

Sie wollen alles richtig machen, wollen sich keine Blöße geben, wollen gut dastehen – vor sich selbst und natürlich erst recht vor anderen Menschen – und wollen auf keinen Fall Schwächen zeigen, egal ob zu Hause oder im Beruf, im Fitnessstudio oder im Freundeskreis.

Mit dieser Haltung üben perfektionistisch orientierte Menschen einen unausgesprochenen Druck auf ihre Mitmenschen aus: hohe Erwartungen, heimliche Forderungen, unerreichbare Ziele. So werden sie manchmal zu fast unerträglichen Nächsten. Darum kann man sich in der Nähe von Perfektionisten oft nicht wohl fühlen, ja manche fangen in deren Gegenwart sogar an, innerlich zu frieren: »*Bevor ich ständig zu spüren bekomme, dass ich nicht gut genug bin und alles falsch mache, gehe ich doch lieber auf Distanz und weiche aus. Ich versuche den Kontakt mit jemandem zu vermeiden, der mir immer vermittelt, dass ich fehlerhaft bin.*«

Perfektionisten erleben es immer wieder, dass sie von anderen Menschen gemieden werden. Doch jeder Mensch, und in ganz besonderem Maße der Perfektionist, trägt in sich das tiefe Bedürfnis nach Nähe, nach Geborgenheit, nach Angenommensein. Denn Nähe hat mit Echtheit zu tun, mit Bedürftigkeit, und auch mit Ehrlichkeit gegenüber den eigenen Schwächen. Und genau da beginnt das Problem des Perfektionisten: sich das einzugestehen fällt ungeheuer schwer. Dann würde das Image des immer funktionierenden Menschen einen Kratzer bekommen. Perfektionisten definieren sich fast ausschließlich über ihre Leistung und ihre Wirkung. Schwäche und Ohnmacht, Hilfsbedürftigkeit bei sich selbst können sie sich deswegen nicht eingestehen. So stehen sie sich selbst und auch wahrer Freundschaft oft im Weg.

Ein erfundenes, aber realitätsnahes Beispiel

Frau S. hat eine große Familie, sie hat drei Kinder und dadurch auch in vielen Bereichen Kontakte. Sie ist in zwei Schulklassen ihrer Kinder Elternvertreterin und setzt sich auch sonst ein, wo immer sie einen Missstand oder eine Not entdeckt. Ihren Haushalt bewältigt sie erfolgreich, sie steht oft schon sehr früh auf und arbeitet bis in die Nacht hinein, damit ihr Haus ordentlich ist, damit die Fenster geputzt sind, damit der Garten gepflegt aussieht. Sie versucht auch, sich modisch zu kleiden – sie tut alles, um möglichst überall einen guten Eindruck zu machen. Sie ist sehr engagiert in ihrer Gemeinde, sie arbeitet in einem Kreis für jüngere Frauen und im Besuchsdienst für Neuzugezogene mit. Außerdem singt sie in einem Chor, denn ein bisschen Entspannung braucht der Mensch ja schließlich. Obwohl sie auch dieses Engagement manchmal eher unter dem Aspekt der Verantwortung und Pflichterfüllung sieht.

Sie kann schlecht Nein sagen. Vor einigen Monaten wurde sie gefragt, ob sie stundenweise in der Nachbarschaftshilfe mitarbeiten könnte, denn da fehlen immer wieder Mitarbeiterinnen. Sie hat eine Weile darüber nachgedacht und hat auch gleich die innere Verpflichtung verspürt, sich einzubringen. Wenn es zu wenige gibt, dann muss sie doch helfen, oder etwa nicht? Wer macht es denn sonst?

Genießen und nichts tun kann sie sich nicht gestatten, denn das wäre ja reine Zeitverschwendung. Sie lebt unter einem ständigen inneren Druck, immer alles im Griff zu haben und sich ständig noch »verbessern« zu müssen. Gleichzeitig hat sie das Gefühl, Opfer der vielen äußeren Zwänge, Pflichten und Lasten zu sein.

Immer wenn sie gelobt wird, freut sie sich zwar, aber sofort steht in ihr ein innerer Kritiker auf, der zu ihr sagt: »Es könnte aber noch besser sein.« Sie fühlt sich eher wie eine Versagerin und denkt dann, wenn andere sie loben: »Die meinen das doch nicht wirklich so, die sagen das aus Höflichkeit.« – Oder: »Die wissen ja nicht, wie es in anderen Bereichen bei mir aussieht. Wenn sie das wüssten, würden sie mich bestimmt nicht loben.«
In letzter Zeit erlebt sie es immer wieder, dass sie nicht mehr richtig schlafen kann. Sie schreckt oft aus dem Schlaf hoch und ihre Gedanken kreisen um Erlebnisse und Aufgaben des vergangenen Tages. Immer wieder wird sie von Selbstzweifeln gequält, ob sie auch alles richtig gemacht hat – und vor allem, ob sie ja niemandem Anlass gegeben hat, etwas Schlechtes über sie zu denken. Es wäre für sie sehr schlimm, wenn andere Kritik an ihr üben müssten. Sie möchte es gerne möglichst allen recht machen. Ein gutes Bild abzugeben, ist ihr sehr wichtig.
Damit die Selbstzweifel sie nicht so beherrschen, begeht sie einen großen Fehler und beschließt, in Zukunft noch eine halbe Stunde früher aufzustehen und ihren Tag mit Listen und Terminplänen noch besser durchzuplanen, damit sie für alle Fälle gewappnet ist. Diese Pläne braucht sie, um sich sicher zu fühlen. Sonst hat sie das Gefühl, ihren Tag nicht bewältigen zu können.
Womit sie nicht so recht umgehen kann, sind ihre Fehler – und erst recht nicht mit den Fehlern anderer Menschen. Manchmal erschrickt sie über sich, vor allem dann, wenn sie die Kontrolle über

ihre Gefühle verliert. Da reicht manchmal schon eine Kleinigkeit, die nicht so läuft, wie sie es ich vorgestellt oder geplant hat – und dann rastet sie aus.
Häufig erlebt sie das, wenn sie morgens ihren Rundgang durchs Haus macht und in die Kinderzimmer kommt. Dann muss sie feststellen, dass die Kinder wieder alles Mögliche auf dem Boden verstreut haben, obwohl sie es ihnen doch schon so oft erklärt hat, dass sie das so nicht will. Langsam staut sich in ihr der Ärger auf und entlädt sich in dem Moment, wenn die Kinder von der Schule nach Hause kommen.
Sie möchte ihre Kinder zwar lieben, aber deren Fehler sind für sie oft eine Blockade – sie denkt: »Wenn sie besser folgen würden, ordentlicher wären, wenn sie nicht immer so laut wären, wenn sie meinen Erwartungen besser entsprechen würden, dann könnte ich sie auch mehr lieben. Aber so doch nicht.« Es kann auch sein, dass sie im Blick auf ihren Ehemann solche Gedanken hegt: »Wenn er endlich der treu umsorgende, zärtliche und liebevolle Mann wäre – so wie der von meiner Nachbarin oder Freundin – dann könnte ich ihn richtig lieben.« Oder: »Wenn er endlich mal selbst auf die Idee kommen würde, die Reparaturen am Haus auszuführen, oder von sich aus mal fragen würde, wie es mir geht, dann könnte ich ihn von Herzen gern haben, aber so doch nicht. Der soll sich erst ändern, bevor ich Liebe zulasse.«
Was passiert da in ihr? Sie knüpft ihre Liebe an Bedingungen und die Kinder oder der Ehemann

oder andere Menschen spüren ihre Aggressivität und Unzufriedenheit.
Wenn an einem Tag zu viele ungeplante Dinge passieren, gerät sie so richtig aus dem Lot. Dann zerrinnt ihr die Zeit zwischen den Fingern und sie hat das Gefühl nur noch zu schwimmen.
Am meisten hilft es ihr dann, wenn sie sich eine Weile aus dem Staub macht und sich in der Gemeinde oder in der Nachbarschaftshilfe engagiert. Außerhalb der Familie fällt es ihr leichter, sich im Griff zu haben. Meistens weiß sie auch, wie sie sich verhalten muss, damit sie gut ankommt. So aufgebaut kommt sie dann wieder zu Hause an. Dort beginnt sie dann wieder, alles nach ihrem Muster zu ordnen und zu sortieren. Aber wehe, wenn dann einer nicht spurt. Nichts ist für sie schlimmer, als wenn ihr die Dinge entgleiten und unkontrollierbar werden.
Sie übernimmt Verantwortung oder Aufgaben oft deswegen, weil andere es nicht so gut machen, wie sie es machen würde. Sie ist nicht damit zufrieden, wie es die anderen machen. Weil sie es ärgert, wie sie es machen, macht sie es lieber selbst.
Die Kinder machen die Betten nicht so, wie sie es gern hätte – da korrigiert sie eben noch hinterher. Die Kinder putzen die Waschbecken nicht wirklich sauber, da bittet sie oft schon gar nicht mehr um Mithilfe.
Wenn es dann aber wirklich drauf ankommt – wenn sie zum Beispiel krank wird oder aus anderen Gründen ausfällt, dann hängt alles an ihr, denn die anderen sind durch sie so unselbststän-

dig geworden, dass sie nicht eigenverantwortlich handeln können.
So entsteht in ihr einerseits ein Gefühl von Wichtigkeit (»Ohne mich läuft nichts richtig.«), andererseits von Druck und Verantwortung und immer stärkerer Belastung (»Alles muss ich alleine tun, niemand hilft mir.«).

Ihr Lebensgefühl ist eher das einer getriebenen, als das einer dankbaren und gelassenen Frau. Sie ist nie wirklich zufrieden mit dem Erreichten, immer findet sie etwas, das nicht in Ordnung ist – bei ihr oder bei anderen. Sie steht immer unter Druck, immer meint sie, nicht genug getan, nicht genug gearbeitet, nicht genug geleistet zu haben.
Es ist, als ob jemand mit einer Peitsche über ihrem Kopf schwingt und sie dauernd anfeuert: »Mach weiter, immer weiter, mach's besser, tu noch mehr.«

Manchmal fragt sie sich, was eigentlich echte Freundschaft ist. Sie zweifelt gelegentlich daran, dass sie echte Freunde hat. Kontakte hat sie viele, aber meistens ist sie dort die Gebende, die, von der man etwas erwartet und nimmt. Tief in ihr steckt das Bedürfnis, auch einmal um Hilfe zu bitten oder sich äußern zu können über Dinge, die ihr Angst machen oder zu denen sie Fragen hat. Aber gleichzeitig hat sie genau davor große Angst. Was würden denn die anderen von ihr denken, wenn sie so etwas äußern würde! Da würden sie ja plötzlich ein ganz anderes Bild von ihr bekommen. Und dann könnten sie ja an manchen Stellen neugierig werden oder negativ über sie reden. Das könnte sie nicht ertragen.

So macht sie sich weiterhin das Leben schwer – und jagt von einer Aufgabe zur anderen und verfängt sich immer tiefer in den Mustern von Perfektion und Einsamkeit, bis sie eines Tages ganz darin gefangen ist und sich nicht mehr rühren kann – oder bis sie den Mut findet auszubrechen und sich selbst und ihr Verhalten, ihre Beziehungen kritisch, aus der Distanz anzusehen und den Mut zu haben, sich auch dem zu stellen, was ganz tief in ihr verborgen ist – und was sie hinter der Fassade der Perfektion versteckt: nämlich Verletzungen, Ängste, Zorn und Wut, Einsamkeit, Hilflosigkeit.

Dieses Beispiel steht für viele. Variationen in alle Richtungen sind denkbar, aber die Grundmuster sind meistens ziemlich ähnlich.

➤ Grundmuster des Perfektionismus

Es gibt nicht *den* Perfektionismus, er ist ein sehr komplexes und facettenreiches Verhaltensmuster.

Jeder Mensch hat vermutlich spezielle Gebiete, Situationen oder Seiten, auf oder in denen er perfekt sein will – in anderen Bereichen ist die Perfektion dagegen nicht so wichtig.

Erfolgs- und Leistungsdenken

Perfektionisten müssen aus einem inneren Druck heraus an erster Stelle stehen und dürfen nicht Zweite sein, da sie sich sonst minderwertig fühlen. Erstgeborene Kinder sind oft besonders häufig von perfektionistischen Mustern betroffen. Schon von klein auf sind sie schließlich »vorne«, die Ersten. Ihnen wird oft schon von Anfang an besonders viel Verantwortung übertragen. Sie sind die, die sich daran gewöhnen, den Überblick zu haben. Die Kehrseite: bei Misserfolg geben sich selbst sofort die Schuld.

Deswegen wollen Perfektionisten auch nicht verlieren oder zurückstehen – bei scheinbaren Niederlagen machen sich schnell Eifersucht oder Neid breit oder eben auch Versagens- und Schuldgefühle.

Perfektionisten sehen sich immer in einem inneren Wettkampf mit anderen Menschen. Diesen Wettkampf müssen sie gewinnen. Zwar würden sie dies anderen Menschen gegenüber nie zugeben, doch es ist ein sehr verstecktes und geheimes Denk- und Verhaltensmuster, das die Persönlichkeit in jeder Faser durchzieht.

Perfektionisten wollen alles besser wissen oder besser können und nehmen dadurch anderen Menschen die Möglichkeit zum Engagement.

Gerne machen sie deshalb auch die Probleme anderer Menschen zu ihren eigenen. Sie suchen für die anderen Lösungen und machen diese Menschen in falscher Weise von sich abhängig.

Mittelmäßigkeit ruft bei ihnen Geringschätzung hervor. Der Perfektionist sagt: Ich will etwas Besonderes sein, tun oder leisten. Ich will nicht Durchschnitt sein – und andere Menschen sollen sich gefälligst nach meinen Maßstäben richten.

In ihrer Selbsteinschätzung fühlen sie sich entweder total erfolgreich oder absolut als Versager – ein Dazwischen gibt es nicht.

Die Kehrseite dieses Erfolgs- und Leistungsdenkens sind darum Minderwertigkeitskomplexe und Schuldgefühle. Entweder ich bin voll gut drauf oder ich bin nichts wert. Zwischen diesen Empfindungen schwanken die Perfektionisten ständig. Nur mittelmäßig oder Durchschnitt zu sein, können sie für sich nicht zulassen.

Dieses Alles-oder-Nichts-Denken könnte man auch als Schwarz-Weiß-Denken bezeichnen. Grautöne, Schattierungen, Mischung zwischen gut und schlecht – also Mittelmaß – darf es nicht geben.

Darum sind Perfektionisten oft auch Draufgänger. Einen typischen Vertreter dieser Denkart finden wir in der Bibel z.B. bei Petrus, einem der Jünger von Jesus (siehe dazu auch S. 62).

Fehlerlosigkeit

Perfektionisten möchten gerne fehlerlos sein. Ihr ganzes Bemühen dreht sich darum, möglichst überhaupt keine Fehler zu machen. Darum tun sie sich unendlich schwer, Hilfe von anderen anzunehmen. Sie sehen es bereits als Fehler an, wenn man etwas nicht allein bewältigt. Das wäre ein Zeichen von Schwäche oder Versagen. Es scheint darum geradezu eine Schande zu sein, Hilfe zu brauchen.

Sie möchten gerne immer alles allein können und allezeit gut dastehen: hilfsbereit, freundlich, perfekt im Haushalt, mit guter Figur, modisch gekleidet, für Schaffenskraft oder Ideenreichtum bewundert, gelobt für Kreativität oder Musikalität usw.

Somit steht den Perfektionisten auch das Lob allein zu.

Sobald das nicht mehr klappen sollte, würde das Bild des immer funktionierenden, immer leistungsfähigen Menschen Risse bekommen. Dazu kommt noch folgendes Denken: »*Die anderen würden es doch nicht so machen, wie ich es gerne hätte. Da ist es doch besser, ich mache alles allein.*«

Wenn Perfektionisten im Team arbeiten (müssen), versuchen sie, immer schneller oder perfekter zu sein als die anderen, eben wie in einem Wettkampf. Genau dadurch nehmen sie anderen aber die Möglichkeit, sich zu engagieren oder zu entfalten, zu experimentieren oder durch

Fehler zu lernen. Andere bekommen in deren Gegenwart schnell Minderwertigkeitsgefühle oder fühlen sich einfach schlechter oder unfähiger. Im Grunde genommen will der Perfektionist genau dieses Gefühl in den anderen Menschen hervorrufen – aber nicht in erster Linie, um die anderen schlecht zu machen, sondern um sich selbst aufzuwerten und besser darzustellen. Um genau auf diese Art und Weise Bestätigung, Lob, Selbstwert, Liebe, Bewunderung und Beachtung zu bekommen.

Regeln

Die Gedanken von Perfektionisten sind voll von Regeln über das alltägliche Leben, über andere Menschen und über sich selbst. Perfektionisten liegen immer innerlich auf der Lauer, um nur ja keine Fehler zu machen, nicht zu versagen. Sie wollen auf Nummer sicher gehen – und erleben genau das als permanente Quelle von Stress.

Sie stellen eine Unmenge von Regeln auf – für sich selbst:

- Ich darf keinen Fehler machen.
- Ich darf nicht versagen.
- Ich muss auf Nummer sicher gehen.
- Ich muss mich immer bemühen.
- Ich muss der/die Beste sein.
- Ich muss überall herausragend sein.

Damit ihnen kein Fehler passiert, bleiben Perfektionisten an Details hängen und können kaum großzügig sein. Weil immer mehr gleichzeitig bewältigt und immer mehr beachtet werden muss, wird Perfektionismus immer mehr zur Bremse und verursacht Stress.

Aber auch anderen Menschen gegenüber haben Perfektionisten viele Regeln: Zum Beispiel: Mann/Frau sollte

- nett sein,
- zurechtkommen mit der Arbeit,
- freundlich sein,
- fleißig sein,
- hilfsbereit sein,
- ordentlich angezogen sein,
- nicht schmatzen oder mit den Fingern essen,
- nicht über dem Tisch hängen,
- keine Schimpfworte benutzen,
- sauber und gepflegt sein,
- rücksichtsvolles Verhalten zeigen.

Dieses »Sollte« vermitteln Perfektionisten nicht nur durch Sätze, sondern oft allein schon durch Blicke, Mimik, Körperhaltung, Gestik.

Sie signalisieren anderen immer, was sie alles falsch machen, nicht können, wie schlecht sie sind, wie wenig sie an die Maßstäbe herankommen, die sie selbst für richtig halten. Darum haben andere Angst vor zu viel Nähe zu ihnen. Sie haben Angst, verurteilt oder abgekanzelt zu werden und vermeiden deswegen den Kontakt.

Wut und Überheblichkeit

Perfektionisten werden so zu unangenehmen Mitmenschen. Das Kritisieren wird zur Gewohnheit, denn damit wird die eigene Unzulänglichkeit überdeckt. Wer andere kritisiert, fühlt sich für einen Moment so richtig gut. Es schafft ein Gefühl der Befriedigung, anderen endlich mal wieder die Meinung gesagt zu haben oder wenigstens negativ über sie gedacht zu haben. *»Wie die wieder rumläuft ...«, »Wie die mit den Kindern umgeht ...«, »Unmöglich, wie die aussieht ...«, »Also, bei so einer Figur, da würde ich mal was dagegen machen ...«*

In Gedanken fühlt man sich dann wenigstens besser als die anderen.

Ein solches Verhalten kann auch aus der tiefenpsychologischen Sicht beleuchtet werden: C.G. Jung spricht vom »Schatten« des Menschen. Alles, was ich selbst nie durfte, was nicht erlaubt war, nicht gewagt werden durfte, wurde als verboten, tabu oder böse verdrängt. Aber in meiner Umwelt begegnet mir dennoch all das wieder – eben im Verhalten oder Aussehen anderer Menschen. Andere nehmen sich Freiheiten heraus oder leben Bereiche aus, die ich mir nicht erlaube. Sie leben meinen »Schatten«, meine verdrängten Seiten. Das empört, löst Entrüstung aus. Unterschwellig schwingt der Gedanke mit: »*Das alles würde ich vielleicht auch gerne machen oder zulassen, aber das darf ich ja nicht.*«

In der Bibel gibt es dafür viele Beispiele, z. B. das Gleichnis vom verlorenen Sohn: Als dieser zum Vater aus dem Schweinestall, aus einem verlotterten Leben heimkommt, freut sich der Vater unendlich. Der ältere Bruder aber ist nur empört, beleidigt und trotzig (Lukas 15). »*Der hat sich ein Leben in Saus und Braus geleistet und ich habe nur gearbeitet – und nun wird er dafür auch noch belohnt, aber ich komme mal wieder zu kurz ...*«

Oder die Geschichte mit der Sünderin (Lukas 7,36-50), die Jesus beim Gastmahl mit Pharisäern stört und ihn aus deren gesetzlicher Sicht »verunreinigt«. Die Männergesellschaft ist empört über ihr Verhalten, Jesus aber hält ihnen einen Spiegel vor: »*Sie hat all das getan und mir gegeben, was ihr eigentlich hättet tun sollen. Doch daran hat euch eure strenge Gesetzlichkeit gehindert.*«

Oder die Ehebrecherin (Johannes 8,3ff.), die von einigen Männern vor Jesus gebracht wird, damit er sie nach dem jüdischen Gesetz verurteilt. Doch Jesus sagt zu den Männern: »*Wer unter euch ohne Sünde ist, der werfe den ersten Stein.*« Danach schleichen sich alle Männer leise davon. Jesus hat sie mit ihrem »Schatten«, ihrer schuldigen Verwicklung konfrontiert.

Empörung kann schnell in Wut umschlagen. Perfektionisten leiden oft unter starken Wutausbrüchen, ebenfalls ein Zeichen für die verdrängten negativen eigenen Anteile. Diese Wut kann sich gegen alle, alles und jeden richten: *»Die Welt ist nicht so, wie sie sein sollte.«* Oder: *»Meine Mitmenschen sind unmöglich.« – »Meine Kinder verhalten sich unangemessen.« – »Mein Ehepartner ärgert mich mit seiner Art.« – »Ich selbst bin nicht so, wie ich sein sollte.«*

Die eigenen Fehler und die anderer Menschen können Perfektionisten unendlich wütend machen, können zu aggressiven, jähzornigen Wutausbrüchen führen. Vor allem ihren Kindern gegenüber können perfektionistische Mütter sehr hart und verletzend sein. Da dies aber wieder nicht in das perfekte Bild der immer liebevollen und freundlichen Mutter passt, das sie abgeben wollen, gehen dann Selbstabwertung, Selbstverurteilung und Selbsthass Hand in Hand.

Schuldgefühle und Selbstabwertung

Perfektionisten haben schnell Schuldgefühle, z.B. nach einem Wutanfall, wenn sie ein Ziel nicht erreichen oder wenn sie Fehler und Versagen bei sich oder in ihrer Familie entdecken.

Dann versuchen sie, sich anzuspornen, setzen sich selbst unter Druck. Doch wenn dies nicht gelingt, dann setzen sie sich selbst herab. *Ich bin nichts, denn …*

- *ich hätte es besser machen sollen.*
- *ich muss noch perfekter werden.*
- *ich muss noch mehr arbeiten.*
- *ich sollte noch mehr leisten.*
- *ich muss lernen, weniger oder gar keinen Fehler mehr zu machen.*
- *ich bin schuld.*

So sind sie geradezu perfekt darin, sich selbst schlecht zu machen und negativ über sich selbst zu denken und zu urteilen. Perfektionisten neigen dazu, an sich und ihrem Leben überhaupt nichts Liebenswertes zu finden. In bestimmten Situationen des Versagens können sie so weit gehen, dass sie sich das Recht zu leben absprechen. Sie hassen sich für ihr Verhalten, ihre Eigenschaften, für sich selbst – und können von niemandem Liebe annehmen, weder von Menschen noch von Gott.

Die Folge: Minderwertigkeitsgefühle, Lustlosigkeit, Frustration, fehlende Lebensfreude bis hin zu Selbstmordgedanken.

Perfektionisten beurteilen sich selbst mit folgenden Gedanken:

- *Ich bin nichts wert.*
- *Zu was bin ich schon nütze.*
- *Wieso bin ich überhaupt geboren.*

Diese negativen Gedanken über sich selbst ordnen sie dann auch anderen Menschen zu und meinen, andere würden über sie genauso negativ und schlecht denken wie sie selbst.

Das niedrige Selbstwertgefühl und die negativen Gedanken über sich selbst prägen darum auch die Beziehungen zu anderen Menschen. Perfektionisten fühlen sich nie wirklich wertvoll in der Gesellschaft mit anderen.

Sie hören ganz normale Aussagen anderer Menschen als Kritik oder als heimlichen Appell, sich zu bessern. Um die Minderwertigkeitsgefühle dann zu überdecken, neigen sie wiederum schnell zum Nörgeln und Kritisieren.

Wenn ihnen dann trotzdem jemand freundlich oder liebevoll begegnet, kann es sein, dass sie sogar richtig wütend reagieren und andere Menschen verletzen.

Es passt nicht in ihr Selbstbild – und zugleich steckt doch diese tiefe Sehnsucht nach Geliebtsein in ihnen.

Empfindlichkeit und Angst

Perfektionisten werden oft von einer starken Empfindlichkeit und darum auch von Angst beherrscht. Es ist die Angst, entdeckt oder durchschaut zu werden. »*Hinter der Fassade bin ich doch gar nicht so perfekt, hoffentlich merken die anderen das nicht.*« Oder: »*Hinter der Fassade schreie ich nach Liebe, aber niemand darf das wissen.*« Es kann unendlich anstrengend sein, diese Fassade aufrechtzuerhalten. Deshalb haben sie so große Angst vor Versagen. »*Wie würden die anderen über mich denken, wenn …*«, »*Was passiert, wenn ich hier etwas falsch mache, wie stehe ich dann da?*«

Das ist der Grund dafür, warum Perfektionisten selten wirklich in der Gegenwart leben. Sehr viel Zeit wird mit Planung vertan (»*Was muss ich alles beachten, damit ich gut ankomme?*«) oder mit der Rekonstruktion von Gewesenem (»*Wie war ich, wie habe ich gewirkt?*«). So kommen Perfektionisten oft weniger zur Ausführung von Dingen, als sie es sich wünschen würden. Sie bremsen sich selbst aus.

Überlastung

Perfektionisten überfordern sich ständig selbst durch viel zu hohe und zu viele Ziele, durch die Erwartungen anderer, die sie sich zu Eigen machen, durch negative Botschaften, die sie sich selbst geben.

Momente des Ausruhens und des Sich-fallen-Lassens kennen sie nicht oder können sie nicht genießen.

Wenn eine Sache abgeschlossen ist, sind Perfektionisten sofort beim nächsten Projekt und machen deswegen oft auch einen sehr gehetzten und getriebenen Eindruck.

Wenn man Perfektionisten fragen würde, wer sie denn so antreibt, wüssten sie meistens keine Antwort. Es ist eher so ein undefinierbares Gefühl: »*Ich muss nun einmal ständig etwas tun und leisten und arbeiten. Mein Wert hängt davon ab. Wenn ich es nicht tue, bin ich wertlos, ein Nichtsnutz. Mein Dasein ist dann zwecklos.*« Und: »*Wenn ich etwas Sinnvolles tue, dann bin ich vielleicht geliebt, anerkannt, wertvoll …*«

Dahinter steckt die tiefe Sehnsucht nach Geliebtwerden und diese treibt zu permanenter Leistung und ständigem Tun, versetzt in innere Unruhe.

Deswegen führt Perfektionismus häufig auch zu Erschöpfungsdepressionen, dem so genannten Burn-out-Syndrom.

Einsamkeit

Durch sein Verhalten verbaut sich der Perfektionist den Weg zu dem, was er am meisten bräuchte – zu Nähe, Gemeinschaft, sich fallen lassen zu können – indem er selbst Mauern baut und unausgesprochen vermittelt: »*Komm mir ja nicht zu nahe.*« Oder: »*Du kannst mir gar nicht nahe kommen, da musst du vorher erst noch perfekter werden, bevor ich dich akzeptiere und dann ein bisschen Nähe zulasse.*« Oder die andere Variante: »*Ich bin nicht gut genug, um mit den anderen wirklich Gemeinschaft haben zu können. Bestimmt wollen die anderen mit mir gar nichts zu tun haben.«* Oder: *»Niemand würde mich noch lieben, wenn er wüsste, wie ich eigentlich bin, wie ich wirklich empfinde und denke.«*

Im wahrsten Sinn wird ein Perfektionist auf diese Weise »einsame Spitze«.

Perfektionismus macht einsam, nimmt mehr und mehr die innere Freude und wird zu einem Monster, das ständig zu Beurteilung, Verurteilung, Kritiksucht, Nörgelei an sich und anderen Menschen drängt. Gleichzeitig ist das Leiden unter Versagensgefühlen, Schuldgefühlen und Minderwertigkeitskomplexen oft fast übermächtig.

Perfektionismus zerstört also auch Gemeinschaft, weil man entweder sich selbst oder andere herabsetzt und entwertet.

Wer sich in solches Verhalten verstrickt, sich in solchen Mustern verfestigt, wird mit der Zeit immer mehr Gefangener seiner eigenen Zwänge und Gesetze. Wie eine Mücke, die sich in einem Spinnennetz verfangen hat. Je mehr sie strampelt und zappelt, desto tiefer verfängt sie sich im Netz.

Extreme Auswüchse des Perfektionismus

Angst vor dem Leben

Perfektionismus kann zu neurotischen Angstzwängen führen: *Ich habe mir so viel Lasten im Leben aufer-*

legt, dass ich mich selbst damit überfordere. Ich habe Angst vor jedem neuen Tag und seinen Anforderungen.

In bestimmten Situationen neigen Perfektionisten dann dazu, genau an den Stellen Fehler zu machen, wo sie sie eigentlich vermeiden möchten.

Das liegt daran, dass sie viel stärker auf die möglichen Fehler fixiert sind als auf das, was sie können. Ihr ganzes Denken kreist um mögliches Versagen bei sich und wie dieses zu vermeiden ist.

Die vielen Möglichkeiten, Fehler zu machen, beunruhigen mich. Ich kann das Leben nicht mehr unbeschwert genießen, ich sehe alle möglichen Gefahren voraus und bin in Gedanken ständig mit Vermeidungsstrategien beschäftigt. Dies bremst meine Spontaneität aus und ich werde immer ängstlicher.

Das bedeutet, dass die negativen Bilder mehr Raum im Denken einnehmen als die positiven. Wer sich also innerlich auf die negativen Bilder fixiert, ist in besonderer Weise in Gefahr, eben – aus Angst vor Fehlern – erst recht Fehler zu machen.

Körperliche Krankheit

Die Seele wehrt sich gegen die vielen Zwänge und Lasten, indem sie sich über Körpersignale äußert. Es gibt eigentlich keinen körperlichen Bereich, mit dem unsere Seele nicht auf Überlastung reagieren könnte. Je nachdem, wie wir veranlagt sind, reagieren die einen mit Kopfschmerzen, die anderen mit Magenproblemen, wieder andere haben Schwindelanfälle oder Sehstörungen, Störungen des Immunsystems usw.

Es wäre jedoch falsch, jede Krankheit auf seelische

Ursachen zurückzuführen. Es gibt für all diese Symptome natürlich auch organische Ursachen.

Allerdings kommt es häufig vor, dass dann, wenn zu viele psychische Probleme verdrängt, wenn körperliche Bedürfnisse nach Ruhe, Schlaf und Entspannung unterdrückt werden, die Seele sich über den Körper wehrt und die genannten Symptome verursacht.

Es ist daher wichtig, auf körperliche Signale zu achten ohne sie überzubetonen. Es gibt unter den Perfektionisten auch solche, die in übertriebener Weise auf ihren Körper fixiert sind. Sie reden sich Krankheiten ein. Selbst wenn ein Arzt ihnen Gesundheit bescheinigt, sind sie immer noch überzeugt davon, an einer schweren Krankheit zu leiden und gehen zum nächsten Arzt.

Das gegenteilige Verhalten, alle körperlichen Symptome zu missachten oder zu unterdrücken, kommt bei Perfektionisten aber ebenso vor: Arbeiten bis zum Umfallen, keine Ruhepausen, keine Erlebnisse genießen.

Darum ist es wichtig, ein ausgewogenes Verhältnis in der Beachtung und Nichtbeachtung körperlicher Symptome zu finden – ein spannender und nicht immer ganz einfacher Weg.

Es ist gut, dass Gott uns so geschaffen hat, dass der Körper Signale aussendet, wenn unsere Seele überfordert ist. Doch wir müssen auch darauf achten: *Will Gott mir dadurch etwas sagen? Was bedeutet diese Krankheit? Was ist der Grund, die Ursache?*

In einem ausgeglichenen Leben, in dem Anspannung und Entspannung ihre Berechtigung haben, können wir immer wieder zum Einklang finden zwischen Körper und Seele. Herausforderungen, positiver Stress sind nötig und wichtig, aber ebenso die Ruhe, das Genießen, das Stillwerden.

Schlampigkeit und Faulheit

Es scheint nicht wirklich ins Bild zu passen – und doch kann Schlampigkeit oder auch Faulheit eine Folge des Perfektionismus sein.

Aus dem amerikanischen Sprachgebrauch kommt der Begriff »Messie«. »Mess« bedeutet »Unordnung« oder »Durcheinander«. Deswegen werden Menschen, die extrem unordentlich sind, so bezeichnet. Im Deutschen nennt man sie auch »Müllmenschen«. Sie können sich selten von Dingen trennen, horten vieles, oder sie sind unorganisiert in ihrer Zeitgestaltung, kommen immer zu spät, können sich nicht zu alltäglichen Verrichtungen aufraffen.

Viele Messies leiden unter den eigenen überhöhten Zielen, wie z.B.: *»Ich darf nichts wegwerfen, irgendjemand könnte das noch gebrauchen.«* Oder: *»Wenn ich mal Zeit habe, dann werde ich das verarbeiten/verwerten.«* Oder: *»Wenn ich es schon mache, dann will ich es aber auch wirklich gründlich machen. Aber weil das zu viel Zeit in Anspruch nimmt, muss ich es noch aufschieben.«*

Reinhold Ruthe[1] erzählt von einem Mann, der sehr viel Wert auf Ordnung legte – bei seiner Familie, auf seinem Schreibtisch, im Büro, aber sein Auto war extrem unordentlich und unsauber. Im Gespräch erklärte er das Chaos ungefähr so: Wenn ich das Auto putze, dann will ich es ganz und gar gründlich machen, aber dafür brauche ich dann ungefähr einen ganzen Tag. Und so viel Zeit habe ich nicht. Darum mache ich es nicht – und gleichzeitig leide ich unter der Unordnung und darunter, dass ich sie nicht bewältige.

Die Ziele sind zu hoch gegriffen oder völlig unrealistisch, darum resignieren solche Menschen und tun gar nichts mehr. Das Ergebnis: das Chaos nimmt überhand, gleichzeitig wachsen die Frustration und die Scham. Die Minderwertigkeitsgefühle steigen ins Unermessliche.

Aus psychologischer Sicht sind Messies Verweigerer. Sie wehren sich durch das Chaos gegen alle Zwänge und gegen alles »Müssen«. Oft sind es Menschen, die schon von klein auf zu vielen alltäglichen Handlungen –

auch Routinehandlungen – gezwungen wurden und sich als Erwachsene mit der eigenen Unordnung dagegen zur Wehr setzen[2]. Sie kämpfen damit auch gegen die eigenen überhöhten Ziele. Erst wenn es ihnen gelingt, die eigenen Ziele zu entlarven und mit der Wirklichkeit in Einklang zu bringen, finden sie zu einer befriedigenden Alltagsgestaltung. Konkret heißt das: mit weniger zufrieden werden; etwas eben »nur einigermaßen« gut und nicht perfekt machen; Teilziele entwickeln; mit ihrer eigenen Mittelmäßigkeit zufrieden werden.

Konzentrationsstörungen und Verlust der Kreativität

Vor lauter Regeln, die beachtet werden müssen, bleibt im Denken kein Platz mehr für das eigentlich Wichtige. Es geschieht sozusagen ein Gegenwartsverlust und Verlust der Lebensfreude, weil die Gedanken entweder noch in der Vergangenheit *(Was habe ich möglicherweise falsch gemacht?)* oder bereits an der Zukunft hängen: *Was kommt als nächstes, worauf muss ich achten?*

Perfektionisten verlieren im Extremfall ihre Kreativität. Sie legen sich selbst, ihrer eigenen Seele, so viele Lasten auf, dass sie keine inneren Freiräume mehr haben, in denen die Seele zum Schwingen oder Träumen kommt. Weil immer mehr beachtet werden muss, immer mehr Details kontrolliert werden müssen, können sie sich zum Schluss selbst an den Kleinigkeiten des Lebens nicht mehr freuen.

Perfektionismus ist also ein ideales Mittel, Ideen und ihre Umsetzung wirksam zu blockieren.

Im Streben nach Perfektion werden wir immer unperfekter.

Burn-out und Depression

Burn-out und Perfektionismus sind wie zwei Seiten einer Medaille. Übersteigerter Perfektionismus führt häufig zum Ausgebranntsein, in eine Erschöpfungsdepression.

Perfektionisten fordern oft Unmenschliches von sich selbst. Sie überfordern sich und haben danach immer noch das Gefühl, nicht genug getan und geleistet zu haben.

Sie haben noch nicht gelernt, dass das Leben mit all seinen Möglichkeiten und Zugaben ein Geschenk ist und meinen, alles aus eigener Kraft und eigener Anstrengung tun zu müssen.

So landen sie oft an einem Punkt, an dem sie sich nicht mehr regen können, weil sie sich selbst so komplett überfordert haben. Möglicherweise haben sie sich aus allen möglichen Menschen, die sie kennen, ein Idealbild zusammengebastelt, wie »man« oder »frau« sein sollte. An diesem Idealbild scheitern sie dann unwillkürlich erschöpft und zerbrechen an den eigenen zu hohen Zielen.

Tendenzen zur Sucht

Perfektionisten werden besonders häufig zu Workaholics. Sie versuchen durch Arbeit und Leistung Wert, Bestätigung und Liebe zu finden. Der Workaholic fühlt sich nur wertvoll, wenn er arbeitet, darum verbindet er mit der Arbeit das zwanghafte Bedürfnis nach Anerkennung.

Dabei werden die eigenen Bedürfnisse nach Ruhe, Erholung oder Pause und die eigenen Gefühle (z.B. der Überforderung, des Stresses, der Angst vor anderen) permanent unterdrückt. Die eigenen Wünsche werden abgewertet *(»So etwas steht mir nicht zu, dafür bin ich nicht gut genug.«)*. Die Bedürfnisse anderer Menschen werden immer vor die eigenen gestellt mit dem Hintergedanken: *Dann werde ich vielleicht geliebt*. Deswegen leiden Arbeitssüchtige häufig an Wut, Depression und stressbedingten Krankheiten, weil eben so vieles andere Wichtige verdrängt wird[3].

Gestörter Körperbezug

Wenn in der Kindheit die Botschaft lautete: »Mach uns Eltern keine Schande, leiste nichts Minderwertiges, sei immer der/die Beste«, dann werden solche Menschen als Erwachsene häufig dazu getrieben, mit guten Leistungen, Anpassungsfähigkeit und Erwartungserfüllung ständig einem Idealbild gerecht zu werden und anderen vorzumachen, was für ein toller, grandioser Mensch man ist.

Nur wenn man dieses Ziel erreicht, hat man ein Recht darauf, sich gut zu fühlen. Das wirkt auch in den körperlichen Bereich hinein. Auch da will man Bestleistungen erbringen mit dem Aussehen und der körperlichen Leistung.

Deswegen haben Menschen mit diesen Kindheitsmustern häufig einen *gestörten Körperbezug*[4].

Entweder ist die Körperbeziehung überbetont: Durch Sport, Diäten, Hungern oder Erbrechen wird versucht das Ziel des guten Aussehens zu erreichen. Man zwingt seinen Körper in eine Idealform.

Oder sie ist unterbetont. Dies zeigt sich in der Vernachlässigung – entweder Fresssucht *(Ich mache mich unansehnlich.)* oder Ungepflegtheit *(Ich bin es ja nicht wert, schön auszusehen.)*. Solches Verhalten ist dann ein Ausdruck des unbewussten Verweigerns, Sich-Sperrens und -Wehrens gegen diese überhöhten Ziele.

Zwangsverhalten

Perfektionismus kann auch zu Zwangsverhalten führen. Durch zwanghaftes Ausführen bestimmter Tätigkeiten versuchen sich solche Menschen abzusichern – damit etwas nicht passiert:

- Kontrollzwänge: *Habe ich den Herd abgeschaltet, oder die Tür abgeschlossen?* Ein einmaliges Nachschauen hilft dann nicht, sondern dann muss drei, vier, zehn Mal oder noch öfter kontrolliert werden.

- Waschzwänge: *Ich muss mir den Schmutz abwaschen, den der andere bei der Begrüßung auf meiner Hand hinterlassen hat.*

- Ständiges Zählen von irgendwelchen Gegenständen: Autos, Bewegungen, Treppenstufen usw.

- Putzzwänge: *Jeden Tag muss ich mein Haus von oben bis unten nach einem bestimmten Ritual putzen, sonst fühle ich mich nicht sicher.*

Menschen mit solchem Zwangsverhalten sind Gefangene des eigenen Systems geworden. Sie sind permanent beunruhigt wegen irgendwelcher Dinge, die eventuell passieren könnten und müssen weit vorausplanen, um sich in alle Richtungen abzusichern. Das bedeutet, dass wertvolle Zeit mit Vorbereitungen, Vergewisserungen und Absicherungen vertan wird.

Die davon Betroffenen sind sich der Sinnlosigkeit oder Absurdität ihres Verhaltens bewusst, aber sie können daran nichts ändern. Weil solche Menschen die Unsinnigkeit ihres Verhaltens einsehen und gleichzeitig nicht von diesem Zwangsverhalten lassen können, leiden sie oft noch mehr als deren Angehörige oder Freunde. Es findet ein innerer Kampf in dieser Person statt zwischen den Zwängen und dem Versuch, sich gegen die Zwänge zu wehren.

Kleiner Exkurs in die Logotherapie

Viktor Frankl hat für solche Menschen eine besondere Art der Therapie entwickelt, die so genannte »Paradoxe Intention«. Dabei wird eben nicht mehr gegen die Zwänge gekämpft, sondern sie werden zugelassen bzw. ganz bewusst und gewollt ausgeführt. Eine Frau, die z.B. immer Zwänge beim Abschließen der Tür hat, wird ermutigt, diesen Zwang nun ganz bewusst auszuführen. Dabei darf auch ein gewisser Humor über sich selbst nicht fehlen. Das, wovor solche Menschen Angst haben oder womit sie sich selbst unter Druck setzen, wird also ganz bewusst herbeigeführt.

Ein Mann, der z.B. immer Angst hat, dass er im Zusammensein mit anderen Menschen errötet, oder der ungeheuer ins Schwitzen kommt, soll vor der nächsten

Begegnung mit anderen Menschen versuchen, sich selbst einzureden: »*Denen werde ich jetzt zeigen, wie sehr ich schwitzen oder rot werden kann.*«

Die Frau mit den zwanghaften Verhaltensmustern soll sich selbst einreden: »*Nun will ich mal so richtig kräftig zwanghaft sein.*« In jedem Fall wird das befürchtete Ergebnis nicht eintreten. Menschen, die diese Therapie anwenden, werden meistens sehr schnell frei von Zwangsmustern oder auch von Befürchtungen und Vermeidungsstrategien. Viele solcher Beispiele beschreibt Viktor Frankl aus zahlreichen therapeutischen und alltäglichen Begegnungen[5].

➤ Wie wird man zum Perfektionisten?

Es gibt mindestens vier Gründe, warum manche Menschen besonders zum Perfektionismus neigen. Auf manche Menschen trifft nur eine, auf andere mehrere der nachfolgend genannten Ursachen zu.

Hohe Begabung, herausragende Fähigkeiten

Perfektionisten sind oft Menschen mit außergewöhnlichen Begabungen, mit überdurchschnittlicher Kraft, mit hoher Sensibilität und hoher Motivationsbereitschaft. Deswegen leiden sie oft in besonderer Weise unter der Diskrepanz zwischen ihren eigenen Möglichkeiten und denen anderer Menschen. Sie haben aufgrund der eigenen positiven Grundausstattung oft wenig Verständnis für Menschen, die weniger Kraft, weniger Gaben, weniger Einsatzbereitschaft haben. So überfordern sie nicht nur sich selbst, sondern auch andere und sind in ihrem Urteil über andere oft ungerecht.

Geschwisterposition Nummer 1

Erstgeborene Kinder stehen besonders häufig in der Gefahr, Perfektionisten zu werden. Sie werden von Anfang an in der Rolle des Verantwortlichen gesehen. Wenn ein Geschwisterkind geboren wird, überträgt man ihnen Verantwortung, Pflichten, Aufgaben.

So sind sie dadurch in besonderer Weise geprägt, einen Blick dafür zu entwickeln, wo Dinge nicht stimmen, wo etwas nicht in Ordnung ist, wo etwas verändert oder verbessert werden müsste.

Perfektionisten sind im Grunde genommen ständige Weltverbesserer. Deswegen findet man zum Beispiel auf Seminaren, in denen es um die Weiterentwicklung der eigenen Persönlichkeit geht, oder bei Vorträgen bei denen man lernt, wie man in der Welt etwas verbessern könnte, zu einem hohen Anteil solche, die die Ersten in der Geschwisterreihe sind.

Erstgeborene sind oft auch die, die viel Einsatzbereitschaft mitbringen, die ein hohes Motivationsniveau haben und sich darum in der Welt engagieren, häufig in hervorgehobenen Positionen in der Politik, in der Wirtschaft, in Kirchengemeinden, in Vereinen stehen. Dies ist nicht an sich schlecht. Wir brauchen solche Menschen ganz dringend. Diese Grundprägungen bergen aber immer auch die oben genannten Gefahren in sich.

Strenge Erziehung

Perfektionisten kommen häufig aus Elternhäusern, in denen ein sehr strenges, leistungsbezogenes, vielleicht stark moralisierendes oder streng religiöses Klima vorherrschte.

Die Koppelung von Liebe und Wohlverhalten, von Zuwendung und guten Leistungen haben solche Menschen als Grundmuster ihrer Erziehung erlebt und wurden in den tiefsten Schichten der Wertprägungen und Motivationen davon stark beeinflusst.

Sie kennen es nicht anders, als dass auch sie anderen Menschen nur Zuwendung schenken dürfen, wenn diese sich entsprechend »richtig« verhalten. Wenn dies nicht der Fall ist, müssen diese darauf aufmerksam gemacht werden, damit sie sich verändern können.

Im tiefsten leiden Perfektionisten darunter, nie bedingungslos geliebt und angenommen worden zu sein. Sie kennen fast nur das Muster: Sei gut, streng dich an, bringe Leistung, dann bist du was, dann verdienst du Liebe. Aber die tiefe Sehnsucht, dass sie jemand annimmt, so wie sie sind, zieht sich durch alle Fasern ihres Wesens.

Mehr dazu auf S. 64.

Chaotische Erfahrungen in der Kindheit

Aber auch Menschen, die viel Verunsicherung in der Kindheit erlebt haben, können Perfektionismus entwickeln, um sich damit eine stabilere und sicherere Welt aufzubauen, als sie sie bisher kennen gelernt haben. Unsicherheit und Chaos in der Kindheit können zum Beispiel sein:

- Freizügigkeit ohne Grenzen, z.B. auch antiautoritär erzogene Kinder, die dadurch Leitung und Fürsorge vermissen.
- Süchtige Eltern.
- Keine verlässlichen Regeln in der Familie und damit auch keine emotionale Sicherheit.
- Beziehungsprobleme der Eltern und darum keinen Schutzraum.
- Sexueller Missbrauch oder andere Gewalttätigkeiten von Seiten der Eltern.

Durch Perfektionismus schützen sich so groß gewordene Kinder gegen das erlebte Chaos in der Kindheit. Sie bauen sich mit selbst auferlegten Regeln und Ordnungen eine Schutzburg auf.

Reinhold Ruthe erzählt von einem Klienten, dessen Eltern über gewisse Zeiträume wechselweise nicht bei den Kindern lebten und sich später scheiden ließen. Als Kind machte dieser Mann sich nachts Pläne und Listen, um Ordnung in sein Leben zu bringen. Diese Listen wurden dann am darauf folgenden Tag abgearbeitet und verschafften ihm ein Gefühl der Sicherheit und des Erfolgs.[6]

Kapitel 2:

Das Ziel – Echtwerden

Türen drehen sich in Angeln, die nur ganz klein sind, aber eine große Masse bewegen können. Ganz ähnlich ist es auch in unserem Leben. Es gibt »Türangeln«, durch die sich viel bewegt und verändert.

Ganz unterschiedliche Dinge können diese Wende-Funktion haben. Kritische Bemerkungen, die wir immer wieder gesagt bekommen; ein wichtiger Geburtstag, besondere Ereignisse oder Gespräche. Aber auch schwere Zeiten können tiefe Veränderung in uns bewirken: eine Krankheit oder eine Operation; ein Unfall, in den wir oder uns nahe Menschen verwickelt sind; Krisen in der Erziehung oder in der Ehe; der Tod eines Menschen.

Im Grunde genommen sind es Situationen, die uns aus unserem alltäglichen Rotieren herausnehmen und uns tiefer ins Nachdenken führen. Sie sind wichtig für unser Leben, denn sie können uns helfen, ehrlich zu werden, Abstand zu gewinnen, uns selbst aus der Distanz zu sehen. Damit dies geschieht, ist es notwendig, sich mit sich selbst zu konfrontieren, mit den eigenen Verletzungen, mit den eigenen Schattenseiten, auch mit den zerstörerischen Wirkungen des Perfektionismus bei sich und bei anderen Menschen – mit der anderen Seite, mit der Schattenseite oder Gegenseite des Lebens.

Wie sieht diese andere Seite in uns aus?
Was ist dort zu finden?

- Negative Gefühle bis hin zu Hass und Wut;
- Selbstablehnung;
- Tendenzen zur Sucht;
- unvergebene Schuld;
- tiefes Verletztsein, das wir nicht zugeben können oder wollen;
- Trauer über verpasste Gelegenheiten, Versäumnisse, Fehler;
- peinliche Wünsche, Gedanken oder Gefühle, die wir als unnormal empfinden und darum unterdrücken;
- Ängste;
- Unsicherheit;
- Zwänge.

Genauso wichtig ist es, dass wir die positiven Seiten besser sehen lernen, dass wir zu einer realistischen Selbsteinschätzung in Bezug auf unser Leben kommen.

Dazu gehört auch,

- die eigenen Gaben sehen zu lernen,
- dankbar zu werden für das, was Gott uns Gutes an Erfahrungen und Erlebnissen, an positiven Prägungen gegeben hat,
- sich an Aufgaben und Zielen zu freuen, durch die wir zur Entfaltung und Erfüllung unseres Leben finden sollen.

Kein Mensch hat nur schlechte Seiten, sondern mindestens ebenso viele Gaben und Fähigkeiten, Stärken und besondere Eigenschaften. Jeder Mensch hat dazu noch eine klare Berufung von Gott.

Perfektionisten sind oft für beides blind: Für die schwachen Stellen im eigenen Leben, die Schattenseiten – und auch für die guten Begabungen, die Lichtseiten. Das liegt daran, dass sie sich so sehr auf das eigene Perfektionismussystem fixiert haben, dass ihr Leben sich nicht entfalten kann.

Samuel Pfeifer nennt als Kriterien einer reifen Persönlichkeit:

- Realistische Selbst- und Fremdeinschätzung.
- Selbstannahme und Annahme anderer.
- Leben in der Gegenwart.
- Bewusste Wahl von Werten.
- Entfaltung der eigenen Fähigkeiten.[7]

An dieser Aufzählung wird deutlich, dass Perfektionisten in fast all diesen Bereichen Probleme haben. Sie stehen in besonderer Gefahr in die Fallen des Perfektionismus zu laufen. Ihre hohe Empfindlichkeit gefährdet ihre Selbstwahrnehmung und auch Selbstannahme. Jede Äußerung anderer Menschen hören sie ganz schnell als Kritik. Ihre permanente Rückschau und Vorausschau gefährdet das Leben in der Gegenwart und die Entfaltung der eigenen Fähigkeiten.

Darum ist es so wichtig, zu einer realistischen Einschätzung der eigenen Person zu kommen. Wenn Perfektionisten aus den Zwangsstrukturen ihres Verhaltens und Denkens befreit werden, lernen sie, einen positiveren Blick für das Unperfekte zu entwickeln.

Sie werden dankbar werden für die eigenen Gaben, ohne dabei überheblich zu werden. Sie sind dann bereit, sich für Schwächere einzusetzen.

So können sie lernen, die schwächeren und weniger begabten Menschen in ihrer Besonderheit und ihrem Wert zu schätzen. Es kann eine Herausforderung bedeuten, von scheinbar Schwächeren und ihrer Andersartigkeit für sich persönlich zu lernen.

Dies alles gelingt aber erst dann, wenn wir uns für die eigenen Schwachstellen öffnen, um so Verständnis für andere Menschen zu entwickeln.

Das Bild, das wir von uns selbst haben, ist meistens idealisiert. Ehrlichkeit sich selbst gegenüber ist harte Arbeit.

Freiwerden vom Perfektionismus bedeutet, ganzheitlicher leben zu lernen. Wir müssen nicht mehr nur die eine perfekte Seite mühsam aufrechterhalten, sondern dürfen auch die andere Seite sehen lernen und integrieren.

Wenn wir erkennen, wie wir wirklich sind, dann kann das zunächst demütigend und beschämend sein. Da zerbricht unser Stolz, unser so schön zurechtgezimmertes perfektes Image.

Andererseits ist es eine tiefe Sehnsucht des Menschen, so sein zu dürfen, wie man ist – ohne gleich korrigiert oder verbessert zu werden.

Echtheit ist der Schlüssel zu wahrer und echter Freundschaft. Wo ich mich angenommen weiß, kann ich auch die dunklen Seiten zeigen und kann viel freier leben. Wenn ich andere mit ihren dunklen Seiten annehme, können diese sich ebenfalls öffnen.

Ist der Ruf erst ruiniert, lebt sich's gänzlich ungeniert.

Wer zu seinen Fehlern und Schwächen stehen kann, der wirkt entkrampft, kann manche Last und manchen Zwang ablegen. Zugleich baut er Brücken zu anderen und kann anderen helfen, ebenfalls offener und ehrlich zu sein oder zu werden.

Je mehr wir uns auf diesen Weg machen, desto mehr lernen wir uns selbst kennen. Dazu gehören auch die eigenen Sehnsüchte und Ängste, die schlimmen Gedanken und Gefühle, die harten Verurteilungen, der Selbsthass und die Verzweiflung. Sich darin zu kennen und wahrzunehmen, dies zuzugeben und dazu zu stehen, ist das Geheimnis von positiver Ausstrahlung, von persönlicher Entwicklung und neuer Freiheit. Dieser Weg wird zu einem Schlüssel, der ein Tor nach dem anderen zu echten Beziehungen öffnet.

Wer sich selbst kennt, kennt die ganze Welt und hat den Schlüssel zu aller Menschen Herzen.

Wer sich selbst in den tiefen Schichten seiner Persönlichkeit erkennt, wird barmherziger. Wir entdecken auch in uns immer mehr Tiefen und haben darum immer weniger die Berechtigung, über andere zu urteilen.

Jesus greift zu einem drastischen Vergleich, um uns das zu verdeutlichen: »*Warum regst du dich über einen Splitter im Auge deines Nächsten auf, wenn du selbst einen Balken im Auge hast? Mit welchem Recht sagst du: ›Mein Freund, komm, ich helfe dir, den Splitter aus deinem Auge zu ziehen‹, wenn du doch nicht über den Balken in deinem eigenen Auge hinaussehen kannst? Du Heuchler! Zieh erst den Balken aus deinem eigenen Auge; dann siehst du vielleicht genug, um dich mit dem Splitter im Auge deines Freundes zu befassen« (Matthäus 7,3-5).*

Ein paar Beispiele dazu:

Wie überheblich denken wir über Mütter, wenn diese ihre Kinder in der Öffentlichkeit anschreien. Doch haben wir nicht ähnliche Situationen erlebt, in denen uns der Kragen geplatzt ist?

Wie schnell verurteilen wir Diebe und Räuber – aber wenn wir uns selbst wirklich kennen, dann müssen wir zugeben, dass wir oft neidisch auf andere sind. Wie gern hätte ich dieses oder jenes, das einem anderen gehört. Kann ich da möglicherweise doch nachvollziehen, dass jemand einen Schritt zu weit geht und zum Dieb wird?

Wie schlimm urteilen wir oft über Mörder – aber wie ist das mit den mörderischen Gedanken in meinem Herzen oder der tödlichen Wut? Kennen wir das nicht auch? Und wie würde es uns damit gehen, wenn wir möglicherweise in einem anderen Umfeld groß geworden wären, eine negative Prägung erfahren und deshalb eine geringere Hemmschwelle hätten?

Wie abschätzig denken wir über Ehebrecher – doch kennen wir vielleicht auch Gefühle oder Gedanken der Versuchung einem anderen Mann oder einer anderen Frau gegenüber? Wenn ein Gewissen nicht in der Liebe zu Gott gebunden ist, können sehr schnell Schritte in die falsche Richtung gemacht werden.

Das bedeutet nicht, dass wir solches Verhalten gutheißen sollen, sondern, dass wir aufhören, über solche Menschen zu urteilen. Das Urteilen steht allein Gott zu.

Sich selbst erkennen hilft, andere zu verstehen. Wer seine eigenen Schwächen kennt und zu seinem Versagen steht, der kann auch schwierige und unsympathische Menschen lieben lernen.

Der Kehrsatz heißt: Wer ständig mit anderen Menschen Probleme hat und mit ihnen nicht zurechtkommt, der hat ganz viele unperfekte Seiten in sich selbst noch nicht erkannt und nicht angenommen. Im Grunde genommen kämpft er dann immer gegen unbewältigte oder unerkannte und darum unbekannte Dinge bei sich selbst.

Dieses Ehrlichwerden ist auch mit viel Angst verbunden, weil dabei immer die Frage mitschwingt: *»Verliere* *ich die Achtung oder die Anerkennung anderer Menschen, wenn diese mich wahrnehmen, wie ich wirklich bin, wenn ich den Mut habe zu zeigen, was auch an Schattenseiten, an Negativem, an Bedrohlichem oder Beängstigendem in mir lebt? Verliere ich etwa manche Menschen? Erleide ich Liebesverlust, wenn ich echt bin? Wie denken die anderen über mich, wenn ich mich plötzlich so anders äußere?«*

Oder es treibt uns die Sorge um, gleich Ratschläge zu bekommen, wie wir es besser machen könnten. Ratschläge können auch Schläge sein. Hinter gut gemeinten Ratschlägen steckt oft eine Abwehr: *Das ist dein Problem, deine Schuld, du musst das so machen. Hättest du nicht dies oder jenes gemacht, dann wäre das nicht passiert.* Für Menschen, die sich öffnen, kann daher ein Ratschlag sehr verletzend sein.

Solche Erfahrungen machen Menschen immer wieder und darum sind diese Befürchtungen sicher nicht ganz unberechtigt. Andererseits werden die, die sich auf den Weg zu mehr Offenheit und Authentizität machen, selbst am meisten beschenkt, weil sie dadurch neue Seiten an sich entdecken und mit anderen Menschen bisher ungewohnte Erfahrungen machen können. Sie entdecken einen Schlüssel, der ein Tor nach dem anderen zu wahrhaftigen Beziehungen öffnet.

Die Zuneigung der Menschen zueinander wächst, je mehr wir voneinander erfahren. Das ist ein klassisches Ergebnis der Sozialpsychologie und der menschlichen Verhaltensforschung.

In der Bibel steht der Satz »*Werdet vollkommen, wie auch unser Vater im Himmel vollkommen ist*« (vgl. 1. Thessalonicher 4,1). Diesen Satz könnte man leicht im vorhin genannten Sinn missverstehen, dass wir zu noch mehr Leistungen und zu noch perfekterem Leben angespornt werden sollen. In Wirklichkeit meint er aber genau die andere Seite: »Werdet ganz, werdet Menschen, die sich in ihrer Ganzheit – mit allen Seiten und Facetten – als geliebte Menschen vor Gott sehen können. Werdet ganzheitlich, habt den Mut euch vor Gott echt zu zeigen. Lasst euer Leben komplett – und nicht nur in Ausschnitten – von der Liebe Gottes umfangen.«

Es geht um ein Wachsen und Reifen im Glauben, darum, dass wir uns immer mehr – vollkommener – ins Licht Gottes stellen, dass wir immer mehr Bereiche unseres Lebens vor ihm ausbreiten und von ihm verändern lassen. Wenn wir uns so komplett und vollkommen von Gottes Gegenwart umfangen lassen, dann verändert das unser Leben und schenkt uns Profil. Profil hängt zusammen mit Hell und Dunkel, mit Schatten und Licht. Schattenlose Menschen sind profillos. Perfekte Menschen haben eine glatte Fassade. Menschen mit Schatten oder anders gesagt, Menschen, die ihre Schatten zeigen können, ihre dunklen Seiten nicht verleugnen, sondern zu ihnen stehen, sind auch Menschen, die interessant sind – anziehend und auch im guten Sinn anstößig. Menschen mit Profil.

Wir können in der Wirkung nach außen nie mehr darstellen, als wir im Verborgenen sind.

Adolf Köberle

Kapitel 3:

Wege in die Freiheit

➤ 1. Freiwerden von der Selbsterlösung

Das Grundmuster des Perfektionismus heißt auf eine ganz einfache Formel gebracht: »Ich muss mein Leben selbst gut machen.« – »Ich muss mir Gottes Liebe verdienen.« – »Ich muss mir die Zuwendung anderer Menschen erarbeiten und darum muss ich alles Negative möglichst vertuschen oder verbergen, damit ich ja nicht entdeckt oder entlarvt werde.«

Die befreiende und aufregende Botschaft der Bibel heißt: Du musst dein Leben nicht selbst aufwerten und du kannst es auch nicht. Vielmehr ist es Gott selbst, der dein Minuskonto ausgleicht, und der dich von dem Zwang, dein Leben ständig selbst reparieren zu müssen, befreit. Er befreit dich von Schuld und von Lebenslasten.

Gott liebt bedingungslos, er liebt uns brutto, nicht netto. »Brutto« bedeutet: alles, mit Verpackung, mit allem Drumherum. Wenn wir »netto« sagen, meinen wir nur den eigentlichen Inhalt. Wir denken häufig, Gott würde uns nur »netto« lieben. Also dann, wenn wir unseren wahren Kern herausgearbeitet oder entwickelt haben, wenn wir endlich so geworden sind, wie wir sein sollten. Wenn wir gute Taten vollbringen, angenehme Persönlichkeiten geworden sind, wenn wir viel beten oder spenden. Wenn wir keine Fehler mehr machen, eben wenn die Fassade stimmt. Dieses Denken spornt dann auch zu perfektionistischem Verhalten im Glaubensleben an.

Aber Gott denkt und handelt ganz anders. Gott liebt uns schon lange, bevor wir so geworden sind, wie wir von ihm gedacht waren. Er liebt eben »brutto«, auch mit der Verpackung, mit dem Ballast, mit dem Gerümpel, das wir oft mit uns herumschleppen. Das heißt nicht, dass wir so bleiben sollen. Aber es heißt, dass unser Verhalten keine Bedingung an Gottes Liebe stellt.

C.S. Lewis hat einmal gesagt: »Wie schwierig ist es doch, Liebe anzunehmen, die nichts mit unserer eigenen Liebenswürdigkeit zu tun hat. Wir möchten am liebsten wegen unserer Klugheit, Schönheit, Freigiebigkeit, Gerechtigkeit oder Tüchtigkeit geliebt werden. Wenn wir merken, dass jemand uns die höchste Liebe anbietet, die es gibt – nämlich die bedingungslose Liebe – dann ist das gewöhnlich ein Schock für uns.«

Denn wir wollen uns auch unser Geliebtsein verdienen – auch unser Geliebtsein vor Gott.

Aber das ist genau die große Befreiung, die Gott uns anbietet: Gott liebt mich sogar dann noch, wenn ich mich mit meiner harten Selbstkritik verurteile, wenn ich mich selbst nicht annehmen kann – oder auch dann, wenn andere mich nicht liebenswert finden. Wenn ich verzweifelt bin, wenn ich immer wieder in die Falle tappe, durch Arbeit oder Erfolge, durch Leistung und Tun mein Image aufbessern zu müssen.

Genau da stellt sich Gott mir mit seinen offenen liebenden Vaterarmen in den Weg und sagt: »Komm her zu mir. Bei mir darfst du alles abladen, was dich verletzt, was dir wehtut, was dich bedrückt. Du darfst sein, wie du bist. Du musst nichts tun, nichts leisten, um geliebt zu sein. Bei mir darfst du weinen und damit auch loslassen. Du darfst echt sein, deine Gefühle wahrnehmen und darfst dich von meiner Liebe und Vergebung beschenken lassen.«

Jesus ist nicht zu den Gerechten gekommen, nicht zu denen, die alles können und wissen und alle Erwartungen erfüllen. Die Starken bedürfen des Arztes nicht, sagt Jesus (Matthäus 9,12). Nein, Jesus ist zu den Kranken und Sündern gekommen. Zu denen, die beladen und belastet sind. Zu den Verzweifelten und Einsamen, zu denen, die immer wieder an ihre Grenzen kommen und sich hilflos fühlen. Zu denen, die sich und anderen nichts mehr vormachen, zu denen, die sich nicht mehr als etwas Besseres darstellen müssen, als sie sind. Zu denen, die vor Trümmern oder Schuld stehen. Sie will er befreien.

Wer liebt dich nach Abzug deiner Stärken?
Wer liebt dich, auch wenn du nicht mehr
funktionierst?
Wer jubelt einfach, weil du da bist,
sei's auch nur als stummer Gast,
wer fragt nicht erst, was du weißt
und was du kannst und was du hast?
Wer liebt dich?

An dir liebt man die schönen Augen,
und deinen Teint nennt man untadelig.
Dein Ausseh'n erntet viele Blicke und
Komplimente – doch wer liebt dich?

Sie schätzen deine Sicht der Dinge
und was du sagst, hält man für wesentlich.
Sie rechnen fest mit deinem Wissen und deinen
Schlüssen – doch wer liebt dich?

Und hast du einen oder eine,
der hinter deine besten Seiten sieht
und der noch liebt, was er da findet,
dann freu dich drüber – ich freu mich mit.
Und danke Gott für solche Menschen,
an ihnen merkst du, wie er selber ist.
Er lässt dich seine Liebe spüren, gerade dann,
wenn du am Boden bist.

Gott hat dich lange schon ins Herz geschlossen,
auch wenn du ihm nichts vorzuweisen hast.
Lud nicht sein Sohn sich deine Schulden auf,
und starb er nicht daran?
Lädt er nicht die Armen ein,
damit er sie beschenken kann?
Er liebt dich.

Manfred Siebald[8]

In Lukas 18 erzählt Jesus ein Gleichnis von einem frommen und gerechten Mann, einem so genannten Pharisäer, und einem Zöllner. Beide gingen zum Tempel, um zu beten.

Die Pharisäer waren Menschen, die sich bemühten, ihren Glauben wirklich perfekt zu praktizieren. Die Zöllner dagegen hatten kein gutes Ansehen in der Bevölkerung, weil sie durch ihre Arbeit den Leuten das Geld aus der Tasche zogen und viele auch in die eigene Tasche arbeiteten.

Nun erzählt Jesus, dass ein Zöllner und ein Pharisäer beide gleichzeitig im Tempel waren. Der Pharisäer betet: »Ich danke dir, Gott, dass ich nicht bin wie die anderen Leute, Räuber, Betrüger, Ehebrecher oder auch wie dieser Zöllner.«

Diese Gedanken und Gebete passen genau in das Muster des Perfektionisten: *Ich bin besser, andere sollten sich bemühen, besser zu werden. Sie könnten sich an mir ein Beispiel nehmen …* Der Pharisäer betet weiter: »Ich faste zweimal in der Woche, ich gebe den Zehnten von allem, was ich einnehme.«

Der Zöllner stand etwas abseits, traute sich nicht, die Augen zum Himmel aufzuheben, weil er sich schämte. Er schlug sich an die Brust und sprach: »Gott, sei mir Sünder gnädig.«

Und Jesus folgert: »Ich sage euch, dieser Sünder – und nicht der Pharisäer – kehrte heim als ein vor Gott Gerechtfertigter. Denn die Stolzen werden gedemütigt, die Demütigen aber werden geehrt werden« (Lukas 18,14).

Das Problem des Perfektionismus wird in der Bibel immer wieder beschrieben, nur mit anderen Vokabeln, wie z.B. mit dem Begriff Selbstgerechtigkeit.

Natürlich wollen wir als Christen gerne perfekt sein, in unserer Ausstrahlung, in unseren Taten. Wir wollen, dass Reden und Tun übereinstimmen. Wir wollen auf allen Gebieten vor Gott (und anderen Menschen) gut dastehen und seinen Ansprüchen genügen. Die Konsequenz kann aber auch lauten: Wir werden mit uns selbst sehr streng und mit anderen Christen auch. Wir müssen uns anstrengen, möglichst keine Fehler zu zeigen. So kann es sein, dass wir mit der Zeit sehr selbstgerechte Christen werden: hart und unbarmherzig, lieblos und richtend.

Es kann so weit kommen, dass wir uns in dem Bemühen, ja keine Fehler zu machen, keine Sünde zu begehen, immer alles richtig zu machen, komplett verkrampfen. Mit der Zeit fühlen wir uns immer unfreier. Wir gestatten uns nur noch selten zu lachen. Die Welt ist zu schlecht dafür. Das Nichtstun, Ausruhen und Entspannen ist nicht erlaubt, denn da gehen wir zu sehr unseren eigenen Gelüsten und Bedürfnissen nach. Und die müssen schließlich unterdrückt werden.

Christen mit einer solchen Haltung versuchen mit aller Kraftanstrengung recht zu sein – selbstgerecht.

Die Gefahr dabei ist, dass diese Menschen mit der Zeit immer frustrierter werden. Denn sie machen eben doch Fehler, sie werden schuldig. Darüber können sie so verzweifeln, dass sie zum Selbsthasser werden und oder an Gott zweifeln. Der Grund dafür sind überhöhte Erwartungen an eigene geistliche »Erfolge«: *»Wenn ich für andere bete, geschieht etwas, in meiner Seelsorge werden Menschen verändert, durch meine Gebete geschehen Wunder ...«* Aber was ist, wenn diese perfekten Gebetserhörungen ausbleiben, wenn Gott anders auf Gebete antwortet, als sie sich das in ihrem Perfektionismus als Christ wünschen würden? Es kann sein, dass Menschen dadurch in eine tiefe Glaubenskrise geraten: Zweifel an Gott, oder dass Menschen in die Burn-out-Falle tappen. *»Jetzt habe ich so viel Kraft und Zeit investiert, mich so bemüht, alles gegeben, und was hat sich verändert?«*

Die Bibel beschreibt solches Verhalten immer wieder. Jesus greift dies in seinen Erzählungen auf, aber auch im direkten Benennen, wenn er Menschen mit solcher Lebenshaltung als Heuchler, übertünchte Gräber, Otterngezücht ...bezeichnet.

Jesus sagt, das eigentliche Wesen des Menschen sei übertüncht durch eine Fassade, durch Werkgerechtigkeit und frommes Getue.

Die Echtheit und ehrliche Hingabe an Gott wäre die richtige Antwort. Die Erkenntnis, auf Vergebung und Gnade angewiesen zu sein. Das Wissen darum trotz – ja sogar mit – Fehlern noch ein Mensch mit Würde zu sein.

Auch der Brief des Paulus an die Römer steht unter diesem Thema. Die zentrale Aussage des Römerbriefes lautet: Wir können uns nicht selbst gerecht sprechen oder machen, weder durch gute Werke noch durch frommes Verhalten. Gerecht (im Sinn von »richtig sein« vor Gott) werden wir einzig und allein durch den Glauben. Das bedeutet: Ja sagen zu Gottes Tat für uns, zu Gottes Gerechtigkeit, die nichts mit unseren Werken zu tun hat, sondern allein mit seiner Liebe, mit seinem Sterben am Kreuz für mich. Dazu Ja sagen, bedeutet: »gerecht (richtig) sein aus Glauben«.

Ein Heiliger ist kein Mensch, der gut ist, sondern einer, der die Güte Gottes erfährt.
Thomas Merton

Diese Liebe oder Güte Gottes zu uns können und müssen wir uns nicht verdienen. Paulus sagt: Allein aus Gnade wird der Mensch gerecht, nicht aus seinem eigenen Verdienst. Luther hat dieses Thema aufgegriffen und seine ganze Reformation darauf begründet. »Wir brauchen keine frommen Werke, um uns den Himmel zu verdienen. Es ist Gottes grenzenlose Güte, die uns das schenkt.« Das Einzige, was wir tun müssen, ist, dies anzunehmen.

Damit befreit uns Gott aus dem Gefängnis des Leistungszwangs und wertet uns nach seinen Maßstäben auf – durch seine Liebe. Das Liebste, das Gott hatte, hat er sich vom Herzen gerissen – aus Liebe zu uns. Er gab seinen Sohn für uns hin – in den Tod am Kreuz. So sehr liebt er uns.

Darum zählt vor Gott nicht mein Super-Ich, mein poliertes Image, nicht meine Fassade und nicht mein Imponiergehabe, sondern nur das Echte und Wahrhaftige.

Solange wir mit unserer Wirkung beschäftigt sind, sind unsere Kräfte gebunden und nehmen uns die Möglichkeit zur Reifung der Persönlichkeit, zum Wachsen im Glauben. Ständige Fehlervermeidung treibt uns in die Enge.

Aber wenn wir uns und Gott nichts mehr vormachen, sondern ehrlich vor ihm werden, dann werden wir verändert. Vergebung Gottes befreit und verändert uns gerade auch an den Stellen, an denen wir mit uns selbst Probleme haben.

Diese Liebe können wir nicht verdienen, wir bekommen sie immer umsonst, geschenkt. Jeder ist dazu eingeladen. Wir müssen unser Leben nicht selbst gut machen, sondern Gott will es gut machen.

Dies beschreibt die Bibel auch mit *Erlösung*. Ich kann endlich aufhören, ständig um mich selbst zu kreisen – um meine Schuld, meine Wirkung und meine viel zu hoch gesteckten Ziele.

Ich darf vor Gott zunächst einmal so sein, wie ich bin.

Damit kehrt endlich auch Frieden in meinem Leben ein. Ich werde nicht zufrieden mit mir, sondern damit, dass Gott mit mir zufrieden ist. Er hat schon alles für mich getan, was für ein gelingendes Leben nötig ist. Ich muss es mir nicht mehr erarbeiten. Ich darf es einfach nur annehmen und mich damit beschenken lassen.

Dieses Annehmen, dieses Sich-Beschenken-Lassen, bedeutet auch sich selbst loswerden: also loslassen, gelassen werden, aufatmen können, durchatmen, aufschauen, sich freuen können und lachen können über Gottes grenzenlose Güte über unserem Leben.

**Gott liebt uns nicht,
weil wir so wertvoll sind.
Aber wir sind wertvoll,
weil Gott uns so liebt.
Dietrich Bonhoeffer**

Erlösung bedeutet auch: Ich bin frei von dem Zwang zu perfekten Leistungen, aber befreit zu einer ganzen Hingabe meines Lebens an Christus. Ich darf und soll mich mit all meinen Gaben und Kräften für ihn einsetzen. Aber nicht mehr unter dem Druck, alles aus eigener Kraft und fehlerlos machen zu müssen, sondern aus der Freude heraus, dass Gott mich mit Fehlern und Schuld dennoch gebraucht und etwa Gutes aus meiner Hingabe an ihn machen kann.

In der Bibel wird dies auch mit dem Bild des »Fruchtbringens« beschrieben. Frucht wächst aus der Verbindung mit den Weinstock. Wenn wir in der Verbindung mit unserem Herrn leben, wächst etwas in unserem Leben zur Ehre Gottes und nicht mehr zur eigenen Ehre –

angewiesen auf seine Gnade und getröstet darin, dass wir wissen, dass Frucht Gottes Wirken ist und nicht in unserer Verantwortung liegt.

So können wir befreit von Erfolgs- und Leistungszwang unsere Gaben einsetzen und entfalten, mit Freude arbeiten und das Ergebnis Gott überlassen.

Ein Beispiel aus der Bibel: Der Perfektionist Petrus

Nach seinen ersten Erfahrungen mit Jesus wird Petrus ein glühender Nachfolger und Eiferer für Jesus. Er ist der erste seiner Jünger, der deutlich formuliert, wer Jesus ist: »Du bist der Messias.« Petrus verlässt seine Familie für Jesus. Er kämpft für Jesus, er gehört zu den engsten Vertrauten von Jesus. Als dieser den Jüngern die Füße waschen will, lehnt er es ab. Doch als Jesus dann zu ihm sagt: »Wenn du dir das nicht gefallen lässt, hast du keinen Anteil am Reich Gottes«, will er nicht nur die Füße gewaschen bekommen, sondern den ganzen Körper. Entweder alles oder nichts. Ein kämpferischer Draufgänger. Jesus sagt ihm voraus, dass er ihn verleugnen wird, doch Petrus bestreitet es vehement: *Ich werde mit dir sterben!* Als Jesus von den Soldaten abgeführt werden soll, schlägt er – zum Beweis seiner Tapferkeit – einem Soldaten mit dem Schwert ein Ohr ab. Nach der Gefangennahme von Jesus ist er der Einzige, der ihm noch die Treue hält und sich in das Gebäude begibt, in dem Jesus gefangen gehalten wird. Doch als er dann erkannt wird, bekommt er es mit der Angst zu tun und verleugnet Jesus dreimal. Danach stürzt er emotional komplett ab. Petrus weint bitterlich. Er fühlt sich als totaler Versager. Er fühlt sich nicht mehr wert, seinem Herrn zu dienen.

Doch Jesus schenkt ihm nach seiner Auferstehung in ganz besonderer Weise seine Zuwendung. Weil Petrus ihn dreimal verleugnet hat, fragt Jesus ihn dreimal, ob er ihn liebt – und hilft ihm so, trotz Versagen, wieder zu einem Ja, zu einer Hingabe seines Lebens an Jesus.

Er erfährt Vergebung von Jesus, bekommt einen Auftrag von ihm und ist durch die Erfahrung des Zerbrechens von seinem Perfektionismus geheilt, er wird bescheiden: *»Du, Jesus, allein weißt, wie es in meinem Herzen aussieht. Ich habe aufgehört, mich ständig selbst zu überschätzen.«*

In der Fortsetzung der Erzählungen über ihn (in der Apostelgeschichte) sehen wir ihn als einen Kämpfer für Jesus, aber befreit von seinem Perfektionismus. Petrus kann sein Temperament in neuer und anderer Weise für Jesus einsetzen. Es geht ihm nicht mehr um sich und seine Selbstdarstellung. Sein Leben ist nun ein ständiger Hinweis auf seinen Herrn Jesus.

Gottes Liebe sucht nicht das Liebenswerte, sondern sie schafft es.
Martin Luther

➤2. Freiwerden von falschen Kindheitsprägungen

In Galater 5,1 heißt es: »*So hat uns Christus also wirklich befreit. Sorgt nun dafür, dass ihr frei bleibt und lasst euch nicht wieder unter das Gesetz versklaven.*«

Solche Knechtschaften können in der Kindheit gelegte Bewertungsmuster sein.

Dazu müssen wir uns diesen stellen.

Woher kommen unsere Prägungen, unsere Werte?

Was macht mein Leben wertvoll?

Meine Leistung, mein Tun, meine Fehlerlosigkeit, meine Bemühungen?

Wovon werde ich möglicherweise geknechtet?

Wir tragen häufig Kindheitsmuster in uns, die uns ganz tief in den Perfektionismus und in die Unfreiheit treiben, weil sie nicht an der Würde und Wertschätzung, die Gott uns Menschen zumisst, orientiert sind.

Beispiele:

- Ich muss fehlerlos sein, dann bin ich okay.
- Ich muss besser werden oder perfekt sein, um gelobt und geliebt zu werden. Fehler und Versagen sind etwas Schlechtes.
- Ich bin dafür verantwortlich, dass es anderen Menschen gut geht.
- Alle werden mich mögen, wenn ich mache, was andere sich von mir wünschen.
- Ich tue, was andere von mir erwarten (könnten!) – damit ich geliebt werde.

- Ich muss das tun. Wer macht es denn sonst? Wenn es nicht getan wird, bin ich schuld.
- Ich muss der/die Beste sein.
- Ich darf meinen Eltern keine Schande machen.

Wer sich auf solche Bewertungen einlässt, wird nicht von der Freiheit der Kinder Gottes bestimmt, sondern versklavt sich an das alte Bewertungsmuster: Liebe = Erwartungserfüllung.

Diese Erfahrungen aus der Kindheit tragen wir dann weiter zur nächsten Generation. Wir erziehen so, wie wir erzogen wurden. Wir bewerten, so wie wir bewertet wurden. Wir lehnen unsere Kinder ab, wenn sie Fehler machen, wenn sie nicht die erwünschte Leistung bringen. Wir kritisieren und schimpfen. So entsteht das Gefühl: Versagen ist schlecht, Fehler sind unverzeihlich und werten ab.

- Wenn du lieb bist, haben wir dich lieb.
- Wenn du gute Noten bringst, bist du okay.
- Wir haben dich zwar lieb, aber wir würden dich noch mehr lieben, wenn du dich noch mehr anstrengen würdest.

Aber wehe, wenn du nicht meinen Erwartungen entsprichst:

- Dann rede ich nicht mehr mit dir.
- Wenn du böse bist, dann will ich dich nicht sehen.
- Ich verurteile dich: *Du* bist böse oder unmöglich.
- Wenn du dich anstrengst, dann habe ich dich wieder lieb.
- Wenn du dich entschuldigst, mag ich dich wieder.

Das bedeutet: Die Liebe und die Würde der Person ist immer an Bedingungen geknüpft, wie z.B. Wohlverhalten, Demütigung, Entschuldigung, Gehorsam, Unterwerfung.

Welch tiefe »Entwürdigung«!

Wenn Gott so mit uns umgehen würde, wären wir arm dran. Er macht es zum Glück anders: er liebt den Sünder und hasst die Sünde. Er unterscheidet zwischen Sache und Person.

Gott möchte unser Leben durch seine Liebe prägen und verändern. Das bedeutet, dass wir den alten Bewertungsmustern ganz bewusst widersprechen dürfen, sie »in die Wüste« schicken können. Sie dürfen keine Macht mehr über uns haben. Ich muss mich nicht mehr durch alte Kindheitsmuster knechten lassen und deswegen in Unfreiheit, Minderwertigkeit oder in Selbsthass landen.

Das entspricht nicht der Würde, die mir Gott gegeben hat.

Konkret heißt das für mich:

- Weil Gott mich mit Fehlern liebt, brauche ich mich nicht selbst zu verurteilen.
- Ich kann in der Selbsteinschätzung zwischen den Fehlern, die ich gemacht habe und der grundsätzlichen Würde, die ich trotz all dem immer noch habe, unterscheiden.
- Ich kann zu Erwartungen anderer ja und nein sagen, ohne dass ich deswegen weniger liebenswert bin.
- Ich muss nicht der Erfüllungsgehilfe der Wünsche anderer sein.
- Ich darf aus Freiheit heraus lieben und mich verschenken, nicht *damit*, sondern *weil* ich wertvoll bin.

- Ich darf auch mittelmäßig sein und bin dennoch ein wertvoller Mensch.
- Ich darf Fehler machen und werde trotzdem nicht verdammt.
- Ich muss gar nicht der/die Beste sein, sondern ich kann mich auch über andere freuen, wenn diese noch besser sind als ich.
- Ich darf auch mal nichts tun und muss mich trotzdem nicht minderwertig fühlen.

Diese neuen Botschaften sind ein Spiegel der bedingungslosen Liebe und Annahme, die Gott uns schenkt.

- Er will keine perfekten Menschen, sondern Menschen, die gelernt haben, sich auf ihn zu verlassen.
- Er will, dass wir erkennen, dass seine Kraft gerade in unserer Schwachheit zur Entfaltung kommen kann und will.
- Und er will, dass wir lernen, aus seiner Gnade und seiner Vergebung zu leben. Wir dürfen Fehler machen und sind dennoch geliebt. Wir dürfen immer wieder neu anfangen.

Eine veränderte Selbsteinschätzung verändert auch unseren Umgang mit anderen Menschen: ich kann lernen, anderen gegenüber zwischen persönlicher und sachlicher Kritik zu unterscheiden.

Jeder Mensch macht Fehler – aber deswegen ist noch lange nicht der ganze Mensch zum Scheitern oder zur Würdelosigkeit verurteilt. Je nachdem, wie stark wir selbst von diesem Denken geprägt sind, sind wir schnell dabei, andere zu verurteilen. Diese Denkmuster können wir aber durchbrechen, z.B.: *Ich bin auch mit Fehlern immer noch ein liebenswerter Mensch. Ich habe in den Augen Gottes immer noch Würde. Was für mich gilt, gilt auch für meine Mitmenschen.*

Wir können lernen, unsere Kritik anders zu formulieren, z.B.:

- Du weißt, ich habe dich sehr gern, aber da gibt es eine Sache, die müssen wir bereden.
- Ich mag dich sehr, aber hier musst du etwas ändern.
- Du bist ein wirklich netter Mensch, aber an dieser Stelle leide ich immer wieder unter deinem Verhalten.
- Das, was du tust, gefällt mir nicht, oder ist nicht richtig, aber du als Mensch bist trotzdem geliebt, du verlierst dadurch nicht deine Würde.

Manche erleben die Veränderung ihrer Tiefenstruktur wie eine Krise. Zugleich ist es aber auch heilsam, weil sich neue Horizonte und Perspektiven auftun, neue Freiheiten. Solche Veränderungsprozesse funktionieren nicht auf Knopfdruck, sondern müssen in kleinen alltäglichen Schritten durchbuchstabiert werden.

3. Die Freiheit der Unvollkommenen

Veränderungen im Herzen wirken sich im Alltag aus, im Loslassen-Lernen in kleinen Schritten, in ganz vielen verschiedenen Bereichen.

Perfektionisten wollen jedoch auch ihre Veränderung perfekt machen.[9] Darum ist es für sie so wichtig, dass sie sich endlich von der Vorstellung, immer und überall vorne dran und die Besten sein zu müssen, verabschieden. Schon allein das Lernen von kleinen Schritten ist für sie sehr heilsam.

Freiwerden von der Selbstdarstellung

Viele Christen meinen, sie seien ein besonders gutes Beispiel für ein Leben mit Gott, wenn sie sich möglichst perfekt und fehlerlos verhalten. Doch die Wirkung nach außen bewirkt genau das Gegenteil: Perfektion wirkt abschreckend oder als Heuchelei.

Denn andere sehen dieses Verhalten als zwanghaft oder unglaubwürdig an. Abschreckend kann solches Verhalten auch deswegen sein, weil andere Menschen denken, als Christ müsse man perfekt sein oder stehe immer unter dem Zwang, möglichst fehlerlos zu sein. Wie befreiend kann es dagegen sein, wenn andere erfahren: Ein Christ darf Fehler machen und wieder neu beginnen. Er kann aus der Vergebung leben und ihm wird vergeben. Er kann zu seinen Fehlern stehen und sich sogar dafür entschuldigen.

Es geht also nicht um Selbstdarstellung, sondern darum, Gott mit seiner versöhnenden Kraft, mit seiner verändernden Liebe in seiner Wirkung auf unser Leben darzustellen.

Das ist befreiend: Ich muss nicht mehr ständig an meinem Bild und meiner Wirkung basteln, sondern ich kann in meinem Leben Raum für Gott machen. So kann ich sehr gelassen werden und es ihm überlassen, dass er durch mich und auch durch vieles Unperfekte hindurch wirken kann.

Gott kann aus meinem Mist Dünger machen.

Demut bedeutet nicht, sich selbst zu erniedrigen oder schlecht zu machen, sondern Gottes Vergebung anzunehmen und seine Liebe und Wertschätzung uns gegenüber zu erkennen. Wir dürfen darüber staunen lernen, dass Gott uns sogar da noch liebt, wo wir Mühe haben uns selbst anzunehmen und zu lieben.

Im Korintherbrief (Lutherübersetzung) sagt Gott zu Paulus: »Lass dir an meiner Gnade genügen; denn meine Kraft ist in den Schwachen mächtig. Darum will ich mich am allerliebsten rühmen meiner Schwachheit, damit die Kraft Christi bei mir wohne.« (2. Kor 12,9)

Freiwerden von der Fehlervermeidung

Fehlerlosigkeit als Lebensziel ist an sich schon ein Fehler. Denn Menschen werden immer Fehler machen. Das gehört zu unserem Sein dazu.

Wenn wir von Gott befreit sind, müssen wir nicht mehr krampfhaft versuchen, eine perfekte Fassade aufrechtzuerhalten. Wir können die Angst vor Blamage und Demütigung loslassen. Wer zu seinen Fehlern und Schwächen stehen kann, hat mehr Energie frei, sich positiv einzusetzen und zu engagieren, weil die psychischen Kräfte nicht mehr durch Fehlervermeidung gebunden sind, sondern frei werden für anderes.

In der Gnade wachsen zu können, bedeutet barmherzig werden, ehrlich werden, bereit sein, zu den Konsequenzen des eigenen Verhaltens zu stehen und die Schuld nicht auf andere abzuwälzen.

Je intensiver wir mit Jesus leben, desto mehr werden uns die Abgründe in der eigenen Seele bewusst – und umso größer und deutlicher wird die Gnade von Jesus. So können wir mehr und mehr staunen lernen über Jesus und seine Gnade, seine Barmherzigkeit und Vergebung uns Sündern gegenüber.

Wir werden weiterhin Fehler machen, ja wir dürfen sogar Fehler machen – und werden trotzdem noch geliebt.

Wer arbeitet, macht Fehler.
Wer viel arbeitet,
macht mehr Fehler.
Nur wer die Hände
in den Schoß legt,
macht gar keine Fehler.
Alfred Krupp
(1812-1887, dt. Industrieller)

Wie man sich selbst betrachtet, über sich denkt und sich beurteilt, dahin entwickelt man sich auch. Sende ich ständig negative Selbstbotschaften aus, stelle ich mir immer meine Fehler und möglichen Versagen vor Augen, werde ich diese auch begehen. Sehe ich dagegen, wohin ich mich nach dem Bild Gottes entwickeln darf und soll, dann werde ich mit der Zeit diesem Bild immer ähnlicher werden.

Je mehr wir Christus mit seiner Liebe, Vergebung und Barmherzigkeit Raum geben, desto mehr kann er in uns Gestalt gewinnen.

Darauf sollen wir unser Augenmerk richten: sich freuen an Gottes Güte und den von ihm geschenkten Fähigkeiten und diese einsetzen und entfalten.

Freiwerden zum Humor

Erlöste können über sich selbst lachen lernen, auch über die strengen Maßstäbe, die sie sich selbst auferlegen.

Solange wir perfekt sein wollen, sind wir gefangen. Wenn wir aber lernen loszulassen, echt zu sein, dann fangen wir erst richtig an zu leben. Dann bricht Verborgenes hervor, auch versteckter Humor und emotionale Schätze. Das bereichert uns und unsere Mitmenschen. Wenn ich mich bedingungslos geliebt weiß und gleichzeitig erfahre, wie in meinem Herzen Veränderungen stattfinden, dann wirkt sich das aus.

Humor, auch das Lachen über sich selbst, »ist der Knopf, der verhindert, dass uns der Kragen platzt« (Joachim Ringelnatz).

Humor sich selbst gegenüber bedeutet, vom hohen Ross herunterzusteigen und eine andere Perspektive sich selbst gegenüber einzunehmen. Er schafft Distanz zur eigenen Verbohrtheit oder Borniertheit und hilft zur Selbstbejahung mit allen Grenzen und Möglichkeiten.

Dieses Lachen-Können über das Leben, über manche Kuriositäten und manches Seltsame in dieser Welt, darf nicht verwechselt werden mit Zynismus oder Hochnäsigkeit, auch nicht mit Nachlässigkeit oder Verharmlosung. Es meint: einen barmherzigen und gelassenen Blick bekommen. Gottes Liebe umfasst auch die dunklen Seiten – und seine Liebe und Barmherzigkeit reicht viel weiter als mein strenges, perfektionistisches Denken.

Herr, bewahre uns
vor dem naiven Glauben,
es müsse im Leben
alles glatt gehen.
Schenke uns
die nüchterne Erkenntnis,
dass Schwierigkeiten,
Niederlagen, Misserfolge
und Ängste eine oft
selbstverständliche Zugabe
zum Leben sind,
wodurch wir wachsen
und reifen.
Antoine de St. Exupéry

Freiwerden zur Mittelmäßigkeit

Die Fehler, die wir ständig an uns und an anderen finden, sind oft gar nicht im Verhalten zu suchen, sondern in den Denkvoraussetzungen, in den zu hohen Zielen, in den eigenen Erwartungen. Wenn Ziele zu hoch gesteckt sind, dann können wir diesen Zielen nie genügen. Die strengen Maßstäbe führen unwillkürlich zum Scheitern.

Wer davon befreit ist, kann Leben lernen, wie es uns wirklich entspricht: mit Gaben, Fähigkeiten, aber auch mit Grenzen und Fehlern. Wir müssen nicht mehr ständig »mehr« oder »besser« sein. Den Mut zur Mittelmäßigkeit zu haben, bedeutet umzudenken: Nicht mehr überhöhten Zielen hinterherrennen, sondern Teilziele formulieren, sich mit weniger hohen Ansprüchen und mit kleineren Schritten zufrieden geben.

Dazu kann uns ein Rechenexempel eine Hilfe sein: Um 100 % eines Zieles zu erreichen, brauchen wir Menschen ein gewisses Maß an Zeit und Kraft. Um die ersten 80 % zu erreichen, brauchen wir genauso viel Zeit und Kraft wie für die letzten 20 %. Warum dann nicht lieber zwei Sachen 80%ig machen als eine Sache 100%ig? Das ist keine Aufforderung zur Schlampigkeit – an manchen Punkten müssen wir 100 % korrekt sein, aber an vielen Stellen des alltäglichen Lebens tun uns allen miteinander die 80 % viel besser. Wir dürfen nie die 100%igen Ziele über unsere Mitmenschen stellen.

Das bedeutet, dass ich an manchen Stellen meine Ziele überprüfe: An welchen Maßstäben messe ich mich?

Wie sauber muss die Wohnung wirklich sein?

Wie perfekt muss meine Figur sein – mit welchen Idealen vergleiche ich mich? Wie perfekt will (muss) ich sein in dem, was ich leiste und tue? – In der Gemeinde, im Beruf, in der Freizeit?

Welche Maßstäbe lege ich an die Noten oder die Ordnung meiner Kinder, an deren Verhalten oder Hobbys an?

Welchen Idealen muss mein Ehepartner entsprechen oder kann ich auch dankbar für »weniger« werden?

Habe ich zu hohe Erwartungen an meine Mitmenschen? Sind sie überfordert durch meine Wünsche?

Freiwerden zum Genießen

Perfektionisten gestatten sich den Genuss oft überhaupt nicht, denn in ihren Augen ist dies reine Zeitverschwendung. Statt die Zeit mit etwas Lustvollem und Genuss zu verbringen, könnte man die Zeit doch eigentlich viel besser für etwas anderes, Sinnvolles nutzen.

Genießen lernen hat damit zu tun, die eigenen Bedürfnisse zu erkennen und zuzulassen. Zum Leben gehören auch schöne, spielerische, zweckfreie Momente. Menschen, die eine sehr strenge Erziehung genossen haben, müssen sich an diesem Punkt oft erst mühsam von den Elternverboten trennen und ganz bewusst Reifungs- und Wachstumsschritte gehen: Genießen lernen ohne schlechtes Gewissen. Sich freuen und lachen ohne Angst, dafür verachtet zu werden.

Nur wer genießen kann, ist auch zu genießen.

Freiwerden zur Gemeinsamkeit

Wer befreit ist von der Selbstdarstellung, kann sich helfen lassen und kann auch seine Aufgaben mit anderen Menschen teilen.

So findet man schneller zur Balance zwischen erfüllenden Aufgaben und dem »sich unentbehrlich machen«.

Aufgaben in andere Hände geben, anderen etwas zutrauen, auch wenn diese es anders machen, als wir es tun würden, kann sehr befreiend sein.

Hilfe annehmen lernen, ist etwas Schönes und Befreiendes. Wer das lernt, macht die Erfahrung: *Die Verantwortung lastet nicht mehr auf mir allein, es sind auch andere da, die mittragen, die mich ergänzen, die etwas sogar besser können als ich – und das ist gut so. Das wertet mich nicht ab.*

Freiwerden zum Loben

Wenn wir andere nicht loben können, haben wir eine schlechte Selbstbeziehung, haben wir uns selbst noch nicht als von Gott geliebte Menschen angenommen.

Wer aber diese große Wertschätzung seines Lebens von Gott erfahren hat, der geht auch mit anderen auf eine neue Art um.

Ich bin geliebt – mit Fehlern –, und das gilt für den anderen genauso.

Befreite Menschen können anfangen, andere zu loben, zu würdigen, ihnen Wertschätzung oder Dankbarkeit auszusprechen. Sie können den Blick von den Fehlern der anderen wegwenden und das Gute an ihnen sehen lernen. Selbst dann, wenn es nicht ganz perfekt ist, was sie getan oder wie sie sich verhalten haben. Es ist eine Übung, die beiden gut tut und die Beziehungen verändert: einander möglichst oft etwas Gutes zu sagen, danken, loben, wertschätzen.

Wer andere loben kann, hat zu sich eine gesunde Beziehung entwickelt.

Genau das ist es auch, was Perfektionisten hilft, aus ihrem Gefängnis herauszukommen: Ihnen diese bedingungslose Liebe und Wertschätzung immer wieder entgegenbringen und sie erfahren lassen: Auch wenn du nicht ganz perfekt bist, bist du dennoch geliebt. Dein Wert hängt nicht von deiner Fehlerlosigkeit ab.

Freiwerden zum Einsatz der Begabungen

Menschen, die zum Perfektionismus neigen, sehen die Welt kritischer oder auch melancholischer. Sie sind oft gründlicher und Fehler fallen ihnen darum auch schneller auf. Diese Veranlagung kann auch sehr nützlich eingesetzt werden.

Solche Menschen können darauf aufmerksam machen, wo etwas nicht gut läuft. Sie können Verantwortung übernehmen und sehen auch die kritischen Punkte voraus.

Wenn diese Veranlagung von einer Grundhaltung der Barmherzigkeit und Gelassenheit getragen ist, können solche Menschen ein großer Segen für unsere Welt sein, für unsere Gemeinden, für das Miteinander in vielen Bezügen und Verantwortlichkeiten.

Erlöste Perfektionisten sind Menschen, die zur Heilung der Welt beitragen können. Häufig sind sie solche, die sehen, wo Not ist und wie diese gelindert werden kann. Deswegen sind sie oft Leiter von Seminaren und Kursen, bei denen man etwas lernen oder verbessern kann. Oft halten sie deswegen auch Vorträge, schreiben Bücher oder übernehmen Verantwortung in wichtigen Positionen. Sie möchten einen Beitrag dazu leisten, dass diese Welt besser wird und mehr von der Gnade Gottes und seiner heilenden Kraft erfährt.

Wenn Perfektionisten von den vielerlei Zwängen des Perfektionismus erlöst sind, müssen sie keine Messlatten mehr an Menschen oder Dinge anlegen, sondern können Leitern aufstellen, die über Abgründe hinweg oder Berge bezwingen helfen. Und sie sind auch gerne bereit zu zeigen, wie man die ersten Schritte darauf geht.

So können sie aufbrechen in die Freiheit der Unvollkommenen:

- Sich in großer Freude und mit aller Energie einsetzen.
- Immer wieder etwas lassen oder nichts tun, genießen, Pause machen.
- Und das Wichtigste: Aus dem Frieden mit Gott leben.

Dieser Frieden kommt allein aus dem Wissen, bei Gott angenommen und geliebt zu sein – auch mit Fehlern und als unperfekter Mensch.

Anhang

➤ Theaterszenen

Diese Szenen sollten von *einer* Frau gespielt werden – zwischen den beiden Szenen sollte sie sich umziehen. In der ersten Szene tritt sie im perfekten äußerlichen Outfit auf, in der zweiten Szene wirkt sie eher chaotisch und unorganisiert. In Szene 3 sollte eine andere Frau auftreten.

Szene 1

Hallo, darf ich mich vorstellen?
Ich bin *Perfekta*!
In meinem *Haushalt* ist alles ordentlich.
Alles hat seinen Platz. Wie immer ist bei mir sauber geputzt und schön dekoriert.
Natürlich mache ich jedes Jahr Frühjahrsputz.
Ordnung ist schließlich das halbe Leben!
Das Gleiche gilt natürlich auch für meinen Garten: Unkraut muss weg, ästhetisch soll es aussehen, wie in einem Park. Das macht einen guten Eindruck auf die Nachbarn.

Meine *Zeit* habe ich im Griff.
Bei mir ist alles gut geplant und organisiert.
Ich habe einen dicken Terminkalender.
Manchmal habe ich fast jede Minute am Tag verplant.
Zeitverschwendung hasse ich.
Mit Nutzlosem und Oberflächlichem will ich meinen Tag nicht füllen – es soll mir aber auch nichts dazwischen kommen.

Meine *Kinder* sollen gut erzogen sein.
Sie sollen sich gut entwickeln und entfalten.
Deshalb informiere ich mich auch bei Elternkursen und bei Fortbildungen, wie ich das am besten machen kann.
Schlecht erzogene Kinder sind etwas Schreckliches.
Kinder müssen doch schließlich auch ein gutes Licht auf uns Eltern werfen.
Die Leute sollen sagen: Schaut, die haben anständige Kinder, das sind gute Eltern!

An meiner *äußeren Erscheinung* arbeite ich hart. Ich trainiere meine Fettpölsterchen weg und treibe regelmäßig Sport. Und meine Kleidung soll natürlich auch perfekt sein, möglichst immer auf dem neuesten modischen Stand. Ich will ja einen guten Eindruck hinterlassen. Kleider machen Leute!

In meinem *Leben als Christ* will ich mich vervollkommnen. Ich will immer besser werden!
Und in der Kirchengemeinde muss ich natürlich auch einen guten Eindruck machen. Sicher merken andere auch, dass ich einen schon fast sichtbaren Heiligenschein habe, oder etwa nicht?

Szene 2

Hallo, darf ich mich vorstellen?
Ich bin *Chaota*!

Mein *Haushalt* ist oft ziemlich chaotisch – wie mein Name schon sagt. Manchmal putze ich nicht mal jede Woche.
Anderes ist mir wichtiger. Neulich habe ich noch einen Strohstern von Weihnachten an der Tür ent-

deckt, obwohl wir jetzt schon Mai haben.
Wenn unerwartet Besuch kommt, kann das ganz schön peinlich sein – für den Besuch.
Mir ist das schließlich egal.
Wenn sich jemand daran stört, kann er ja einen Putzlappen von mir bekommen. Na ja, manchmal steht auch noch das Geschirr herum, das die Kinder am Abend auf dem Tisch verteilt haben. Oder wenn ich meine Bastelsachen nicht aufräumen will, dann ist eben kein Platz mehr auf dem Tisch für etwas anderes.

Meine *Zeit* ist nicht immer so gut durchgeplant.
Manchmal verplempere ich Stunden mit irgendwelchen nutzlosen Dingen.
Ich kann meine Pläne auch spontan über den Haufen werfen und mache etwas ganz anderes als das, was ich eigentlich ursprünglich wollte.
Einen Terminkalender habe ich schon, aber den vergesse ich oft.

Meine *Kinder* sind alle Originale.
Sie sind ziemlich anders geworden, als ich eigentlich wollte, aber das kann ich akzeptieren, denn Gott schafft Originale.
Ob sie gut erzogen sind, weiß ich nicht. Nach was beurteilt man das schon? Auf jeden Fall machen sie Sachen, die ich nicht durfte und die ich auch nicht immer so gut finde. Aber was soll man machen?

Meine *äußere Erscheinung*? Na ja …
Ich sehe nicht aus wie ein Model und will es auch nicht.

Je älter ich werde, desto mehr lege ich zu, aber das ist halt so. So viel kann man da gar nicht dagegen tun.
Meine Kleidung ist auch nicht gerade auf dem neuesten Stand. Ich sammle meine Sachen und hebe sie lang auf, und dann ziehe ich manchmal auch etwas an, was schon altmodisch ist.
Aber nur deswegen muss ich es doch nicht wegwerfen, oder?

Mein *Leben als Christ*?
Ich bin unvollkommen und voller Fehler – aber ich freue mich trotzdem über Gott.
Und je länger ich Christ bin, desto mehr merke ich, dass es nicht auf meine Leistung und meine Anstrengung ankommt, sondern auf die Vergebung und Barmherzigkeit Gottes.

Szene 3:

Eine *Moderatorin* tritt auf.
Evtl. versucht sie ein Gespräch über die beiden unterschiedlichen Charaktere mit dem Publikum.
Können die beiden wohl Freundinnen werden?
Erkennen Sie sich in einer der beiden wieder?

Schlussbemerkung der Moderatorin: Soll ich Ihnen etwas verraten?
Perfekta und Chaota sind ein und dieselbe Person.
Es sind die zwei Seiten einer einzigen Frau.

Meditation

(inspiriert durch Dietrich Bonhoeffers: Wer bin ich?)

Wer bin ich?
Sie sagen mir,
ich wirke gelassen, heiter und voller Zuversicht.
Doch bin ich das wirklich? Ich kenne auch Stunden der Unsicherheit und Verzweiflung.
Umhergetrieben von Fragen, wie das Leben eigentlich geht. Was ist richtig und was ist falsch?

Wer bin ich?
Andere sagen, ich sei ihnen Stütze und Halt,
gebe ihnen Wegweisung und Orientierung durch meinen Glauben.
Doch frage ich selbst manchmal nach dem Sinn und dem Weg, habe Angst vor Entscheidungen und möchte so vieles in meinem Leben ändern. Aber wo ist die Kraft und der Mut zur Veränderung?

Wer bin ich?
Ich bin ein gern gesehener Gast bei großen Festen und kleinen Veranstaltungen.
Aber oft bin einsam in der Masse, allein unter vielen, nicht zugehörig, ich fange an zu vergleichen und fühle mich schlechter und minderwertiger als alle anderen, schuldig am Leben und mir selbst, vergessen von Gott und Menschen. Wer bin ich wirklich?

Wer bin ich?
Immer freundlich, fröhlich, zuvorkommend und nett?
Aber ich kenne auch die andere Seite –

Ärger und Hass, Wut über die Unvollkommenheit der Welt und die Fehler anderer Menschen. Wer bin ich wirklich?

Wer bin ich?
Ein Mensch, dem alles gelingt und locker von der Hand geht?
Und dann wieder voller Schuld und Versagen, Zerbrechen, Zweifel und Trauer und vor tiefen seelischen Abgründen.

Wer bin ich? Bin ich mal diese und mal jene?
Ober keine von denen? – Oder beides zugleich?
Wer bin ich wirklich?
Ich bin nicht die, für die ich mich selbst halte.
Und auch nicht die, für die mich andere halten.
Ich bin nicht die Rolle, die ich spiele,
und nicht die Aufgabe, mit der ich mich identifiziere.
Ich bin nicht fixiert von den Stimmen meiner Eltern und den Aufträgen meiner Kultur.
Ich bin auch nicht identisch mit der Maske, die ich manchmal trage.
Und ich bin auch nicht nur meine Gedanken und Gefühle.

Wer bin ich?
Ich bin mehr.
Ich bin von Gott gerufen –
bei meinem Namen.

Denn – du kennst mich, o Gott,
du hast mich geschaffen
mit Gaben, Kräften und Grenzen.
Du weißt um den Sinn meines Lebens und kennst meinen Weg im Voraus.

Du weißt um das Ziel und das Ende meiner Tage
und um jede Stunde dazwischen.
Du willst mitten darin sein.

Wer bin ich?
Dein bin ich, o Gott. Dir gehöre ich.

Du lebst in mir, das ist der Inhalt.
Du bist mein Herr, das ist der Sinn.
Du gehst mit mir, das gibt mir Halt.
Du liebst mich, das gibt mir Würde.
Du vergibst mir, das ist mein Trost.
Du fängst immer wieder neu mit mir an,
das gibt mir Freude.

Du in mir, und ich in dir.
Darin finde ich Antwort.
Darin kommt meine Seele zur Ruhe.

Wer ich auch bin,
du kennst mich.
Dein bin ich, o Gott.

Erkenne mein Herz und prüfe mich
und sieh, ob ich auf bösem Wege bin,
und leite mich auf ewigem Wege.

Denn dein bin ich, o Gott.

Ehrgeiz und Perfektionismus – ein Test

Ein Selbsterforschungstest von Reinhold Ruthe[10]

1. Füllen Sie den Bogen aus, ohne lange nachzudenken, und setzen Sie spontan ein Kreuz an der Stelle, die am ehesten zutrifft.

2. Sie können den Bogen auch von Ihrem Partner (Eltern, Freund, Freundin) ausfüllen lassen. Oft haben wir einen »blinden Fleck«, den Tatsachen ehrlich ins Gesicht zu schauen.

3. Die Auswertung finden Sie auf Seite 92. Füllen Sie zunächst den Bogen aus und überprüfen Sie anschließend das Ergebnis.

4. Sind Sie als Eltern, Erzieher oder Christ mit diesem Ergebnis zufrieden? Welche Punkte stören Sie am meisten?

5. Welche Denk- und Verhaltensmuster wollen Sie korrigieren? Gibt es Einstellungen, die mit den Maßstäben der Bibel kollidieren?

	Stimmt nicht	Stimmt etwas	Stimmt ganz
1 Ich möchte etwas so gut machen, dass es nach Möglichkeit nicht verbesserungswürdig ist.			
2 Ich will keine Fehler machen und strenge mich entsprechend an.			
3 Ich will mir keine Blöße geben.			
4 Ich will alle Dinge (Ehe, Wohnung, Kindererziehung, Leben als Christ) hundertprozentig machen.			
5 Ich will im weitesten Sinn vollkommen sein.			
6 Ich will Vollkommenheit erreichen, auch wenn es ein unerreichbares Ziel ist.			
7 Ich habe in Bezug auf mich und andere hochgestellte Erwartungen.			
8 Ich treibe mich ehrgeizig an, hohe Ziele auch zu erreichen.			
9 Ich empfinde immer wieder, dass ich etwas hätte besser machen können.			
10 Ich gerate aus der Fassung, wenn die Dinge nicht so laufen, wie ich möchte.			
11 Ich bin oft sehr enttäuscht, wenn andere (Partner, Mitarbeiter, Kinder) nicht so arbeiten, wie ich mir das vorgestellt habe.			
12 Ich bin unzufrieden, wenn das Ergebnis nur mittelmäßig ausfällt.			
13 Ich strebe in den meisten Dingen das Optimale an.			
14 Ich reagiere mit Schuldgefühlen, wenn eine Sache nicht 100 % erledigt wird.			
15 Im Grunde meines Lebens bin ich nie zufrieden.			
16 Begehe ich eine Dummheit oder eine Sünde, qualifiziere ich mich völlig ab.			
17 Ich neige dazu, Versagen groß und Erfolge klein zu machen.			
18 Wenn ich ehrlich bin, neige ich zum Schwarz-Weiß-Denken.			
19 Im Wesentlichen habe ich keine Zeit zu genießen und zu entspannen.			

Auswertung

1. Dieser Fragebogen ist kein Test, der objektive Daten vermittelt.
2. Dieser Fragebogen hat den Sinn, den Grad Ihres Ehrgeizes und den Grad Ihres Strebens nach Perfektionismus zu ermitteln.
3. Wer höchstens drei Aussagen mit »stimmt etwas« oder mit »stimmt voll« angestrichen hat, ist wahrscheinlich kein sehr ehrgeiziger und Perfektionismus anstrebender Mensch.
4. Wer mehr als sechs Aussagen mit »stimmt etwas« oder »stimmt voll« angekreuzt hat, ist sehr wahrscheinlich ein ehrgeiziger und Perfektionismus anstrebender Mensch. Er sollte vor sich, vor den anderen und vor dem lebendigen Gott seine hohen Ziele und hohen Erwartungen überprüfen.

Falscher Ehrgeiz – und die Folgen

Folge 1:
Falscher Ehrgeiz beinhaltet zu hohe Erwartungen, die zwangsläufig ständig mit großen Enttäuschungen verbunden sind.

Folge 2:
Falscher Ehrgeiz verhindert, dass wir richtig genießen und entspannen können.

Folge 3:
Falscher Ehrgeiz drückt aus, dass wir mit anderen und uns selbst unzufrieden sind.

Folge 4:
Falscher Ehrgeiz ist durch inneres Getriebensein gekennzeichnet. Die Antreiber heißen: Ich sollte, ich muss.

Folge 5:
Falscher Ehrgeiz ist oft durch starke Minderwertigkeitsgefühle und mangelnde Selbstachtung gekennzeichnet.

Folge 6:
Falscher Ehrgeiz beinhaltet oft ein Entweder-Oder-Denken. Entweder man ist total erfolgreich, oder man beurteilt sich als Versager.

Folge 7:
Falscher Ehrgeiz führt zum Über- und Untertreiben. Versagen wird groß, Erfolg wird klein geschrieben.

Folge 8:
Falscher Ehrgeiz ist immer auf der Suche nach Anerkennung. Das Lob anderer wird verkleinert, der eigene Fehler dramatisiert.

Folge 9:
Falscher Ehrgeiz setzt sich und anderen zu hohe Ziele. Unerreichte Ziele rufen bittere Selbstvorwürfe und Versagensgefühle hervor.

Folge 10:
Falscher Ehrgeiz ist von einem selbstzerstörerischen Denken begleitet. Es kann Verspannungen, Bluthochdruck, Appetitlosigkeit und psychosomatische Beschwerden hervorrufen.

Folge 11:
Falscher Ehrgeiz macht einsam. Aufgaben, Pläne und Ziele verhindern Kontakte, Freundschaften und Beziehungen.

Folge 12:
Falscher Ehrgeiz führt häufig zu Schul- und Ausbildungsabbruch. Entweder man gehört zu den Besten, oder der Betreffende bricht ab.

Folge 13:
Falscher Ehrgeiz verwendet zu viel Zeit auf unwesentliche Dinge. Leben, Freundschaft, Beziehungen und Wohlbefinden werden zu stark vernachlässigt.

Folge 14:
Falscher Ehrgeiz und starke Minderwertigkeitsgefühle gehören zusammen. Es entsteht ein selbstzerstörerischer Kreislauf: Starke Minderwertigkeitsgefühle fordern überhöhte Ziele heraus, überhöhte Ziele rufen Nervosität, Enttäuschungen, Frustration und Ärger hervor.

Folge 15:
Falscher Ehrgeiz gibt sich niemals mit dem »Durchschnitt« zufrieden. Das Streben ist grenzenlos. Der eigene Weg hängt fortwährend in der Luft.

Folge 16:
Falscher Ehrgeiz ist Sünde. Paulus formuliert: »Blinder Ehrgeiz, der nur unsere Eitelkeit befriedigt, gegenseitige Kränkungen und Neid dürfen bei uns keine Rolle spielen (Galater 5,26).«

Reinhold Ruthe

Literatur

Viktor Frankl:
Der Mensch auf der Suche nach Sinn.
Zur Rehumanisierung der Psychotherapie, Freiburg, Basel, Wien: Herder 1972

Bärbel Wardetzki:
Weiblicher Narzissmus – der Hunger nach Anerkennung, München: Kösel 1991

David Seamands:
Heilung der Gefühle, Marburg: Verlag der Francke-Buchhandlung, 2002

Martin Luther:
Ausgewählte Schriften, Band 1, S. 238-263/318-320, »Von der Freiheit eines Christenmenschen«, Frankfurt a. M.: Insel Verlag, o. J.

Ellen Sue Stern:
Der Superfrau-Komplex, Düsseldorf, Wien, New York: Econ-Verlag 1990

Hemfledt/Minirth/Meier:
Mut zur Liebe, Asslar: Schulte und Gerth 1993

Samuel Pfeifer:
Der sensible Mensch, Wuppertal: Brockhaus 2004

Reinhold Ruthe:
Die Perfektionismusfalle, Moers: Brendow 2003

Quellen

[1] Reinhold Ruthe: Die Perfektionismusfalle, S. 32
[2] Rainer Rehberger: »Muss ich oder will ich?«, in: Psychologie heute, September 2004
[3] Stefan Poppelreuter/Claudia Winholz in: Psychologie heute, Juni 2002; und Bryan Robinson in: Psychologie heute, April 2000
[4] Bärbel Wardetzki: Weiblicher Narzissmus – der Hunger nach Anerkennung, S. 80
[5] Viktor Frankl: Der Mensch auf der Suche nach Sinn. S. 118 ff.
[6] Reinhold Ruthe: Die Perfektionismusfalle, S. 47
[7] Samuel Pfeifer: Der sensible Mensch, S. 43
[8] Manfred Siebald: Wer liebt dich?, Text und Melodie: Manfred Siebald, © 1984 by Hänssler Verlag, D-71087 Holzgerlingen
[9] Ellen Sue Stern: Der Superfrau-Komplex, S. 293
[10] © by Reinhold Ruthe, verwendet mit freundlicher Genehmigung des Autors